'乙'편단심 추혜선

'乙'편단심 추혜선

살림터

민생을 위해 뛰는 마라토너, 추혜선의 희망 편지

심상정(정의당 대표)

억울한 일을 당한 분들은 보통 정의당에 먼저 찾아오지 않습니다. 맨 처음에는 힘센 정당을 찾아 문을 두드리고, 노동부도 찾아가 보고, 언론사도 찾아가 봅니다. 자신을 도와줄 수 있을 법한 곳의 문들을 다 두드리고 두드리다가 더 이상 갈 곳이 없어서 실낱같은 희망을 품고 절박한 심정으로 마지막으로 찾아오는 곳이 바로 정의당입니다.

추혜선 의원은 정의당 공정경제민생본부장을 맡으며 수많은 '을'들의 억울함을 덜어 주기 위해 노력했습니다. 대기업 갑질 피해자들이 철저하게 '갑'에게 맞춰진 언론 보도와 물리적·정신적 공갈 협박에 자살까지 생각했다는 처절한 목소리를 들은 추혜선 의원은 움직였습니다. 대기업 갑질피해 증언대회를 열고 그 자리에 공정거래위원회 김상조 위원장과 중소벤처기업부 홍종학 장관을 불러다 숫자와 글자가 아닌 피해자들의 생생한 목소리를 들려주며 문제 해결을 위해 노력했습니다.

권력은 이렇게 사용하라고 있는 것입니다. 격려와 응원을 주고 함께 웃고 울고 하는 것은 마땅히 해야 할 일이나 정치는 여기에 머물러선 안 됩니다. 권력을 가지고 그 문제를 직접적으로 해결하기 위해 노력하는 것이 정치의 본질이라는 점을 추혜선 의원은 분명히 이해하고 있습니다.

정치인은 '누구를 위해 권력을 사용할 것인가' 생각해야 합니다. 권력을 이용해서 나와 주변 친지들의 부를 축적하는 데 쓸 것이냐, 권력을 이용해 억울한 사람들의 고충을 해결하기 위해 쓸 것이냐는 정치인들에게 늘 주어지는 질문입니다. 추혜선 의원은 이 책으로 그 답을 대신하고 있습니다.

정의당 역시 같은 마음입니다. 정의당은 특권과 기득권을 위해 봉사하는 정치가 아닌 보통 시민들의 억울함을 해결하기 위해 불철주야 노력하고 있습니다. 추혜선 의원의 이 책은 한 개인의 노력을 보여 주는 것에 그치지 않고 정의당의 가치, 정체성, 그리고 지향점을 한 번에 보여 주고 있습니다.

이 책은 추혜선 의원이 민생을 위해 직접 발로 뛰며 보고 들은 내용을 담은 정치인들의 참고서입니다. 민생이야말로 정치에서 가장 중요하면서도 쉽지 않은 분야입니다. 민생은 말보다는 발이 중요하기 때문입니다. 그런 의미에서 추혜선 의원은 훌륭한 마라토너입니다.

또한 이 책은 추혜선 의원이 시민들과 함께 웃고 함께 울며 걸어온 민생의 발자취입니다. 오갈 곳 없이 힘들어하시는 비정규직 노동자분들, 대기업 갑질에 피해받은 분들, 본사에 휘둘리는 대리점·가맹점 사장님들, 차별받는 소수자들을 비롯한 사회적 약자 모두가 읽고 위로받을 수 있는 희망의 손편지입니다.

　'을'들의 아픔에 공감하고 '을'들이 더 이상 고통받지 않는 삶을 살아가길 바라는 분들께 이 책을 과감히 추천드립니다.

2019년 10월
심상정

입법노동자 추혜선의
투쟁 기록에 부쳐

윤여준(전 환경부장관)

이 책은 우리 주변의 가난하고 힘없는 사람들이 겪어야 하는 가슴 아프고 눈물겨운 사연이다. 그리고 국회의원 추혜선이 이들을 위로하고 격려하며 함께 손잡고 싸워 온 처절한 투쟁의 기록이기도 하다.

추의원은 자신을 '입법노동자'라고 부른다. 그만큼 그는 생산노동자 못지않게 바쁘고 고달픈 삶을 살아왔다. 추 의원의 첫 의정활동은 그가 국회의원이 된 지 일주일 만인 2016년 6월 7일, 서울 노량진 한강대교 철제 아치 조형물에 올라가는 것으로 시작되었다. 케이블방송 하청업체에서 해고된 노동자 두 명이 회사가 복직 요구를 들어주지 않자 한강대교 아치에 올라간 것이었다. 이 노동자들이 언제 어떤 극단적인 선택을 할지 모르는 긴박한 상황이었다. 연락을 받고 달려간 추 의원은 서슴지 않고 한강대교 아치에 직접 올라가 두 명의 노동자를 설득한 끝에 함께 무사히 내려올 수 있었다.

작년 10월에는 이동통신사 비정규직 노동자들이 직접고용을 요구하며 두 달 이상 노숙농성에 이어 단식농성을 했으나 해결될 기미가 안 보이자 40미터 높이의 철탑에 올라가는 일이 벌어졌다.

추 의원은 회사 측에 합의가 안 되면 자신도 철탑에 올라가 농성에 합류하겠다고 통보했다. 마침 추 의원이 허리 디스크 수술을 받고 퇴원한 지 며칠 안 되는 때여서 철탑에 오르는 것은 매우 위험한 일이었다. 주변 사람들이 적극 만류했으나 추 의원은 "협상이 안 되면 지금 철탑에 올라간 노동자들과 함께 죽을 때까지 내려오지 않겠다"고 결연한 의지를 보였다. 다행히 그날 밤사이에 노사 간 합의가 극적으로 이루어졌다. 하지만 철탑에 올라간 노동자들이 그 결과를 받아들일지 알 수 없는 일이었다. 결국 추 의원은 노조 측의 간곡한 부탁으로 철탑에 올라가 노동자들을 설득함으로써 함께 손을 잡고 내려올 수 있었다. 지금도 그때 그 일을 잊지 못하는 사람들이 많다.

이뿐만이 아니다.

회사의 갑질에 못 이겨 노동자들이 극한투쟁을 벌이는 산업 현장이나 계속되는 과로로 집배원들이 목숨을 잃는 '죽음'의 우체국, 방송사와 외주사 간의 불공정거래로 인한 열악한 제작 환경 때문에 억울하게 목숨을 잃게 된 독립PD들의 빈소, 거래 지위를 남용하여 지속적으로 쥐어짜기를 강요하는 1차 협력업체의 갑질에는 애써 눈감으면서 2차 협력업체들의 생존을 위한 처절한 몸부림에 대해서는 공갈죄의 가혹한 칼날을 들이대는 판결 때문에 법정 구속된 자동차부품업체 회장을 찾아간 교도소 면회실… 한국 사회의 수많은 약자들이 고통을 겪거나 죽어 가는 현장에는 언제나 국회의원 추혜선이 있었다.

1인당 국민소득 3만 달러 시대의 그늘에서 끊임없이 반복되는 이 가슴 아픈 사연과 기록들은 우리로 하여금 국가란 무엇이고 정치란 왜 필요한 것인가 하는 근본적인 고민을 하게 만든다. 강자의 횡포로부터 약자를 지켜 주지 못하는 국가, 사람들이 억울하게 죽어 가는 현실을 무기력하게 지켜만 보는 정치라면 우리가 굳이 이런 공동체를 유지하기 위해 국민 된 의무와 책임을 다할 필요가 있느냐는 질문에 대해 국가와 정치지도자들은 뭐라고 대답할 것인가?

'입법노동자' 추혜선 의원은 말한다.

"국가의 핵심가치인 공공성을 지키는 일은 우선 사회적 약자를 보호하는 데서 시작되는 것이다."

"정치는 언제나 국민의 아픈 삶 속에 함께 있어야 한다."

그렇다.

우리가 이런 국가, 이런 세상을 원한다면 무엇보다도 먼저 우리 정치를 바꿔야 한다. 그래야만 제도를 바꾸고 만들어 사회를 구조적으로 바꿔 나갈 수 있기 때문이다. 이 일은 주권자로서 정치권력을 만들고 심판하는 국민 한 사람 한 사람이 짊어져야 할 몫이다.

제21대 국회의원 선거가 다가오고 있다.

2019년 10월
윤여준

'을'들의 친구가 되고 싶습니다

여의도 정치에 환멸을 가진 때가 있었습니다. TV에 등장하는 국회의원들은 서로 핏대를 세우며 편을 갈라 싸우는 모습이 전부였으니까요. 국회의원에 대한 '특혜'는 꾸준히 논란이 됐습니다. 집권세력의 부당한 탄압으로부터 보호받기 위한 국회의원에게 주어진 '면책특권'과 '불체포특권'이 남용되는 사례도 허다했습니다. 괜히 '방탄국회'라는 말이 나온 게 아니니까요. 국회의원들의 갑질 사건도 여전히 종종 뉴스를 통해 보도되곤 합니다. 그래서였을까요. 여의도 정치를 저는 다른 세계의 일이라고 느꼈던 것 같습니다.

그런데 그 여의도 정치가 매우 중요하더라는 겁니다. '언론개혁'을 위한 제도 하나를 바꾸려 해도 국회 본회의를 통과해야 하는 것들이 너무나도 많았습니다. 그 반대의 상황도 펼쳐졌습니다. 법 개정 하나로 미디어 환경이 완전히 무너지는 모습도 옆에서 지켜봐야 했습니다. 그럴 때마다 국회를 찾아가 호소하고 애원했습니다.

'과연, 법은 누구를 위하여 존재하는가.' 허무한 나날들을 보냈습니다. 법이라는 것이 참 우스웠습니다. 법조문의 조사 하나만 바꾸더라도 혹은 단서조항 한 줄만 빼더라도 전혀 다른 결과를 낼 수 있는데 말입니다. 그렇다면 국민들에게 더 많은 도움이 될 텐데, 법은 결코 그렇게 제정되지 않았습니다. 결국, 법이라는 게 가진 자들의 기득권을 유지하기 위함이라는 생각에 회의감마저 들었습니다.

"입법노동자가 되자"

그랬던 제가 정치에 관심을 갖게 된 것은 씨앤앰 케이블 노동자들의 투쟁에 연대하면서부터입니다. 2014년, 씨앤앰 사측이 하도급업체 변경 시 전원 고용승계를 약속했지만 109명이 해고되는 일이 벌어졌습니다. 노동자들은 하루아침에 갈 곳을 잃었습니다. 두 명의 노동자가 프레스센터 앞 광고탑에 올라가 고공 농성을 시작한 이유였습니다. "해고된 노동자들을 만날 때마다 '이길 수 있다'는 희망을 줘야 하는데 목이 메어 눈물이 먼저 난다"며 광고탑에 올라간 임정균 씨(희망연대노동조합 케이블방송비정규직지부 당시 정책부장)의 편지를 보고 가슴이 먹먹했습니다. 사생결단이라는 말이 있죠. 생각해 보니, 노동자들의 삶은 늘 그래야만 했던 것입니다.

원청 씨앤앰은 노동자들의 해고 사태에 적극적인 자세로 임해야 했지만 그렇지 않았습니다. 해고 사태가 길어질수록 노동자들의 생계는 위협받는 상황이었습니다. 그곳에 필요했던 게 무엇이었을까요? 바로 '정치'였습니다. 국회의원들을 쫓아다녔습니다. "정부가 나서도록 중재 좀 해 주세요." 씨앤앰 노동자들의 투쟁에 제가 할 수 있는 거라곤 '중간자'로서의 역할뿐이었습니다. 점점 쌀쌀해지는 날씨에 마음을 졸이며 말입니다. 그 후 다행히 씨앤앰 경영진과 희망연대노동조합은 집중교섭을 통해 협상안을 내놓았고, 그해 마지막 날(12월 31일) 노동자들이 다시 땅으로 내려올 수 있었습니다. 그때 생각했습니다. "입법노동자가 되자"고 말입니다.

'국회의원'이라고 하면 괜히 '권위'부터 떠오르며 국민들과 거리감이 느껴졌습니다. 그런 국회의원은 되고 싶지 않았습니다. 그래서 제 정체성을 좀 더 살릴 수 있는 말이 없을까 고민했습니다. 그리고 생각했습니다. '입법노동자'가 그것입니다. 법 제정 노동을 하는 자. 국민 다수에게 이익이 돌아갈 수 있다면 법조문의 조사 하나를 바꾸는 노동자가 되겠다고….

그렇게 정의당에 입당했고, 그날 정치의 무게를 처음으로 느꼈던 것 같습니다. 국민들의 머리 위에 올라 군림하지 않고, 사회적 약자들이 외롭지 않게 옆에 서서 그들과 팔짱을 끼는 그런 입법노동자가 되겠다고 다짐했습니다. 항상 '을(乙)'과 함께할 것이라고 말입니다.

정치 신인, 아무것도 몰랐습니다. 제가 가진 자산은 오랜 기간의 언론운동 경력과 그동안 만난 '사람들'이 전부였습니다. 그것만 믿고 '맨땅에 헤딩'하는 기분이었습니다. 그런데 결국 그 전부가 저를 20대 국회에 입성할 수 있도록 만들어 주었습니다.

3년 6개월의 의정생활을 돌아봅니다

그렇게 3년 6개월이라는 시간이 흘렀습니다. 앞으로 한 발 더 나아가려면 뒤를 돌아볼 때가 된 것입니다. 그동안의 의정활동을 책으로 정리하기로 결정한 까닭입니다. 뒤를 돌아봤습니다. 희로애락(喜怒哀樂)과 늘 함께였습니다. 정치가 맘먹은 대로 됐을 때에는 기뻤습니다. 갑들의 행태를 보고는 분노했습니다. 을들의 여러 사연을 듣고 같이 애통함에 눈물을 흘렸습니다.

이번에 출간한 책에는 그런 희로애락을 담았습니다. 1장 '비정규직이라는 비극'에는 저를 '입법노동자'로 이끌었던 케이블 노동자들의 이야기를 담았습니다. "가장 착한 사용자가 되어야 할 정부"가 책무를 방기하면서 계속되고 있는 집배 노동자들의 사망과 그에 따른 분노를 실었습니다. 박환성-김광일 독립PD가 아프리카로 촬영을 떠난다고 했을 때 "운전 조심하라"는 말을 하지 못한 게 한으로 남아 있기도 합니다. 독립PD들의 죽음이 헛되지 않기를 바라는 마음을 책에 담고자 노력했습니다.

2장 "'을'들은 연대하면 안 됩니까?'에는 의정활동을 하며 대기업을 상대로 싸우는 '을'들의 이야기를 담았습니다. 많은 기억들이 떠오릅니다. 롯데그룹 계열사들에 대항해 '을'들이 연대하는 모습을 보면서 저 또한 힘을 낼 수 있었습니다. 조선3사(현대중공업·대우조선해양·삼성중공업)라는 대기업과 일하는 하청업체들이 파산에 이를 수밖에 없는 구조를 보면서 분노했던 기억. 자동차생산 대기업과 하청관계(2차 벤더)로 중소기업을 운영하던 아버지와 아들이 동시에 '공갈죄'로 감옥에 갇히는 현실에 느꼈던 좌절. 써브웨이 본사가 계약서를 근거로 가맹점주 송유경 씨에게 '미국에 와서 영어로 소명하라'고 했을 때의 허망함. 보편요금제 입법을 준비하면서는 국민들이 '호갱'이 되고 유통점 직원들은 '폰팔이'가 되는 구조를 보면서 해결책을 찾고자 밤을 새웠습니다. 정의당 공정경제민생본부에서 개최한 갑질피해 증언대회는 우리 사회의 더 많은 을들과 저를 이어 주는 소중한 창구가 되어 주었습니다.

3장 '우리 모두는 '소수자'다'에는 여전히 우리 사회의 '을'일 수밖에 없는 이들과 함께했던 기록이 담겼습니다. 국회 정론관에서 기자회견을 할 때 수어통역과 함께 하고 있습니다. 그 약속을 지키며 진정한 소통이 무엇인지 저 또한 배울 수 있는 계기가 됐습니다. 한국 사회에서 '여성'이라는 이유로 과거부터 정치의 희생양이 되어야 했고 오늘날에도 달라지지 않은 현실과 끝나지 않은 싸움 '형제복지원'의 진상규명의 필요성을 담고자 노력했습니다. 멕시코에서 3년 2개월간 억울하게 옥살이를 한 양현정 씨의 일 또한 마찬가지입니다. 이들을 생각하면 오늘도 분통이 터집니다.

4장 '이웃과 함께 웃기 위하여'에는 '지역민들의 건강과 생존권'에 대한 이야기를 담았습니다. 오랜 기간 아스콘 공장과 싸워야 했던 연현마을 주민들의 이야기 그리고 우리 마을의 골목을 지키기 위한 지역사랑 상품권에 대한 이야기를 여러분과 나누고 싶습니다.

"너의 잘못이 아니야"라고 위로해 줄 수 있는 친구가 되고 싶습니다

영화 〈나, 다니엘 블레이크〉는 사회에서 소외된 이들에 주목합니다. 평생을 성실한 목수로 살아왔던 다니엘이었습니다. 그런데 심장병이 악화돼 더 이상 일을 할 수 없게 됩니다. 그는 실업급여를 받기위해 관공서를 찾아가지만 복잡하고 관료적인 절차로 인해 좌절합니다. 그 과정에서 본인과 같은 처지인 사람들이 많다는 걸 알게 됩니다. 두 아이를 키우고 있는 싱글맘 케이티도 같은 상황에 놓여 있었습니다. 무료급식센터에서 통조림을 따서 허겁지겁 먹는 케이티는 "너무 배가 고팠어요"라며 눈물을 터뜨립니다. 그런 케이티에게 다니엘이 해 주는 위로. "괜찮아. 너의 잘못이 아니야."

이 영화는 제가 정치를 하는 이유를 잘 보여 주고 있습니다. 케이티에게 다니엘과 같은 친구가 되어 주고 싶습니다. 다니엘이 관공서 벽에 낙서("나, 다니엘 블레이크는 요구한다. 내가 굶어 죽기 전에 실업급여 재심사 날짜 지정을 요구한다")로 저항했을 때 응원해 준 시민 군중의 한 명일 수 있기를 바랐습니다. 궁극적으로는 복잡하고 관료적인 행정 절차에 대해 문제를 제기하고, 다니엘 그리고 케이티가 "사람"으로 살아가기 위한 법을 만드는 입법노동자가 되고 싶었습니다. 그렇게 "다른 세상이 가능하다"(켄 로치 감독의 칸영화제 황금종려상 수상 소감 중)고 말하고 싶었습니다.

지금 뒤돌아보면 부족한 게 많습니다. 국회에 들어와 직접 보고 겪은 정치를 생각해 봅니다. "입법노동자가 되겠다"던 포부는 한국의 정치구조 속에서 꺾이기 일쑤였습니다. 여의도 정치는 거대 정당 중심으로 돌아만 갑니다. 정의당이 적은 의석수라는 한계에 갇히는 경우들이 발생했습니다. 그렇기에 더욱 선거제도 개혁의 필요성을 느끼게 되는 요즘입니다. 민의를 대변한다는 국회. 과연, 누구의 목소리가 과대표되고 있으며 누구의 목소리가 가려지고 있는 것인지 똑똑히 보아야 합니다.

그런 저와 함께 울고 웃고 때로는 분노해 주었던 식구들이 있습니다. 안양 지역민들과 소통하며 필요하면 직접 나무 위로 올라가 현수막을 달고 갑질 민원을 꼼꼼하게 정책으로 만들어 주는 보좌진들, 늦은 시간에도 정책적 조언을 아끼지 않았던 전 교수님, 김 변호사님, 서 변호사님, 김 회계사님께 이 책을 통해 쑥스럽지만 고맙다는 말을 전하고 싶습니다.

저는 어려움을 겪고 있는 '을'들의 영웅이 아닌 친구가 되고 싶습니다. 친구로서 말하고 싶습니다. "우리, 살자"고. "당신이 포기하지 않는 한 나도 포기하지 않을 테니, 삶에 대한 희망을 버리지 말고 살아나가자"고. 그런 마음이 이 부족한 책을 통해 조금이라도 전해지기를 바랍니다. 감사합니다.

2019년 10월

추혜선

차례

1장 비정규직이라는 비극

2장 '을'들은 연대하면 안 됩니까?

비정규직이라는 비극

갑한테 '욕' 먹는 국회의원

유료방송 비정규직 노동자들과의 만남

"그만 울고… 우리 내려갑시다."

2016년 6월 7일. '나의 의정활동은 이렇게 한강대교를 오르고 목숨을 걸고 투쟁하는 사람들과 부대끼면서 함께할 수밖에 없는 운명이겠구나'라고 생각한 날이었다.

5월 30일 20대 국회가 개원했다. 그 일주일 동안은 정신이 없었다. 보좌진을 구성해야 했고 의원실을 배정받아 책상을 들이는 등 본격적인 의정활동을 준비하던 때였다. 그러던 6월 7일. 의원실에 한 통의 전화가 울렸다. "의원님, 케이블방송 비정규직 티브로드지부 소속 조합원 김종이 씨와 곽영민 씨가 용산구 한강대교 아치 조형물 위로 올라갔답니다." 티브로드 하청업체에서 해고당한 뒤 명동 티브로드 건물 앞에서 천막 농성을 벌이며 복직을 요구했던 노동자들이었다. 사측에

한강대교 위에 올라가 농성 중인 티브로드 비정규직 김종이-곽영민 씨를 만난 후 함께 내려왔다(2016. 6. 7.)

서 그들의 이야기를 들어 주지 않자, 결국에는 위험을 무릅쓰고 한강 대교를 올라갔다는 얘기였다. "자, 우리의 일을 시작합시다." 곧바로 한강대교로 뛰어갔다.

6월 초였지만 다리 위는 무척이나 뜨거웠다. 두 노동자들을 그대로 둔다면 '큰일 치르겠구나' 싶었다. 마음은 다급했지만 평정심을 유지해야 했다. 그리고 생각했다. '두 노동자들을 웃게 해 주자.' 절망하고 있을지 모를 이들에게 한순간만이라도 웃음을 줄 수 있다면 좋겠다. 어쩌면 그게 내가 국회에서 해야 할 일이 아닐까. 뜨거운 철교를 올라가면서 많은 멘트들을 떠올렸다. 그리고 결정했다. 환하게 웃으며 그 노래를 불러 주자. '엄마~ 엄마~ 엉덩이가 뜨거워', 〈어린 송아지〉 동요를 부르자. 그럼 김종이-곽영민 동지가 웃어 주지 않을까. 그런데 두 분은 나를 보더니 어깨를 들썩이며 엉엉 울기 시작했다. 노동자 두 분의 손을 잡았는데 내 손등으로도 뜨거운 눈물이 뚝뚝 떨어졌다. 준비해 간 멘트는 당연히 할 수 있는 분위기가 아니었다. 그냥 같이 울었다. 그리고 한참 후에 입을 뗐다. "그만 울고 우리 내려갑시다." 딱 한마디였다. 다른 말이 필요 없었다. 그 상황에서 무슨 말이 더 필요했겠는가. 같이 울었는데 말이다.

그 후 김종이-곽영민 씨를 노동조합 행사에서 만나면 그냥 서로 보며 멋쩍게 웃는다. 이제는 정말 가족 같은 사이가 됐다. 전신주와 건물 옥상·외벽 등 험한 곳을 오르내리며 일하는 노동자들이 본인이 아닌 내 건강부터 챙긴다. 내가 몸이 약해 보이는지…. 그렇게 우리는 서로 더 잘됐으면 좋겠다는 마음으로 만난다. 많은 사람들이 나에게 티브로드의 의미를 묻곤 한다. 그때마다 나는 "친정 같다"고 말한다. 나의 의정활동의 큰 버팀목 중 하나다.

20대 국회에 들어와서 나의 첫 의정활동은 그렇게 티브로드 협력사 해고 노동자들과 함께였다. 그날 모든 걸 운명처럼 받아들였다. '목숨을 걸고 투쟁하는 사람들, 아무리 외쳐도 세상이 들어 주지 않는 사람들과 함께하는 게 바로 정의당 의원으로서 내 역할이겠구나'라고….

'언론개혁운동'을 하다가 만난 케이블·IPTV 기사들

언론의 중요한 축 중 하나는 공공성이다. 방송은 누구나 접근할 수 있는 보편 서비스로서 기능해야 한다. 나는 언론개혁운동을 하던 사람으로서 방송을 시청자들에게 전달하는 과정에서 진행되는 모든 노동에 관심을 가질 수밖에 없었다. 그 과정에서 유료방송 노동자들이 열악한 환경에서 전신주를 오르내리는 모습을 보게 됐다. 고용도 제대로 보장되지 못한 상태에서 일하는 그들의 문제와 마주하게 됐다. 그때 정말 많은 것들을 생각됐다. '아, 이 양반들의 고용이 안정되고 노동환경이 개선되지 않으면 시청자들이 당연히 누려야 하는 보편적 방송 서비스 또한 허구에 불과하겠구나.' 유료방송 비정규직 노동자들의 투쟁에 본격적으로 뛰어든 계기였다. 그래야 방송생태계가 바로 설 수 있을 거라는 확신이 들었다.

유료방송 비정규직 노동자들과 처음 만난 곳은 씨앤앰(현 딜라이브)이다. 유료방송 사업자들은 설치·AS 업무를 각 지역별 하도급업체들에 위탁해 운영하고 있었다. 1년 단위의 위탁계약이 끝나고 재계약이

"국회에서 이 문제를 다룰 테니 함께 내려가자 해서 데리고 내려오겠습니다." 김종이-곽영민 씨를 만나러 한강대교에 오르기 직전(2016. 6. 7.)

되지 않으면 고용불안에 시달려야 했다. 2014년 씨앤엠이 일부 하도급업체를 교체하면서 그 업체들에 소속된 노동자 109명이 해고되는 사태가 벌어졌다. 새로운 협력업체들이 노동자들의 고용승계를 거부했고, 이에 항의하며 노동조합이 파업에 들어가자마자 20여 개 하도급업체들이 모두 직장폐쇄를 하는 일마저 벌어졌다. 그야말로 최악의 상황이었다. 긴 노숙농성이 이어졌지만 해결될 기미가 보이지 않았다. 희망연대노동조합 임정균 케이블방송비정규직지부 정책부장과 강성덕 정책팀장이 프레스센터 앞 광고탑에 올라가 농성을 벌이는 싸움을 시작했던 이유다. 11월 12일, 날씨는 벌써부터 쌀쌀했고 곧 한겨울이 닥쳐올 것 같은 시기였다. 임정균 씨가 광고탑에 올라가며 가족들에게 남긴 편지를 보았다.

"내가 노조 가입한 지 어느덧 2년이란 시간이 지나고 있는 것 같구나. 처음과는 다르게 조금씩 변해 가고 있는 내 모습을 지켜봐 줘서 고마워. 많이 힘들었을 텐데 내가 하고 싶은 것을 할 수 있게끔 옆에서 묵묵하게 응원해 주고 힘든 일 괴로운 일이 있을 때면 같이 울어 주고 즐거워하고 괴로워해 주는 당신이 있었기 때문에 힘을 낼 수 있었어. 지금 내가 하려는 것을 말하지 못한 거 정말 미안해. 나중에 알게 되면 정말 많이 놀라고 힘들 거라는 거 알아. 하지만 내가 지금 할 수 있는 일이 이것 말고는 없다는 생각에 결정하고 하는 거라 이 못난 남편 이해해 줘.

사실 많이 두렵다. 처음 해 보는 거라, 많이 떨리기도 한다. 하지만 해고대오들 생각하면 정말 미쳐 버릴 것 같아. 미안하고 죄송해서. 그 사람들과 얘기하면서 느낀 건데 회사에 대한 원망보다도 사랑하는 사람한테 배신당한 것 같대. 젊은 시절 회사를 위해서 누구보다 잘하고 열심히 하려고 노력도 하고 했는데, 이제는 별로 필요 없어서 버려진 것 같다고 많이들 아파해. 무슨 회사가 이럴까? 어떤 회사의 사람들이 이런 생각을 할까? 109명이란 사람들을 해고시켜 놓고 5개월 넘게 노숙하는 사람들을 향해 배가 덜 고픈 것 같다고 말하는 회사는 무슨 생각을 하는 걸까? 아, 답답하고 욕이 나온다. 요즘 더욱더 심해진 것 같아. 해고대오 사람들과 만나면 내가 죄인이 된 것 같아. 해고대오 사람들 앞에서 잘하고 있다고 여러분을 존경한다고, 멋지게 얘기하고 희망도 주고 싶고 이길 수 있다고 확신도 줘야 하는데, 그냥 해고대오들 앞에 서서 말을 하면 목이 메고 눈물이 먼저 나. 내가 사랑하는 사람이 가족도 있지만 어느새 해고대오들도 내 가족같이 된 것 같아. 이들의 힘든 하루하루와 아픔이 막 전해져 와서 하루하루가 너무 아프다. 이런 선택한 나를 이해해 줘."

_2014. 11. 11. 임정균 씨가 광고탑 농성을 시작하며 가족들에게 보내는 편지 중에서

먹먹함이 밀려왔다. 씨앤앰의 대주주 MBK파트너스는 사모펀드를 운용하는 회사였다. 그들은 투자자들에게 수익을 나눠 줘야 했다. 그리고 사양산업인 케이블방송사를 높은 가격에 매각하기 위해 노동자들을 쥐어짰다. '일부 하도급업체 정리 및 임금 20% 삭감.' 자본가들에게 가장 만만한 게 노동자였던 셈이다. 선택의 여지가 없었다. 씨앤앰 노동자들과 연대하는 데 한 치의 망설임도 필요 없었다. 언론개혁시민연대에서 활동하면서 유료방송 노동자들과 함께 투쟁한 첫 사례라 할 수 있을 것이다.

씨앤앰 비정규직 노동자들과 연대하면서 국회와 정부(방송통신위원회 등), 사업자, 노동자들과 함께 하나의 합의점을 찾는 가교 역할이 필요했고, 마다하지 않았다. 그 당시를 떠올리면 조마조마했던 감정이 되살아난다. 날은 점점 추워져 갔다. 시간이 지날수록 광고탑 위 두 노동자들의 상한 얼굴이 점점 더 심해졌다. 크리스마스를 그곳에서 보내게 한 것에 대해 미안함도 컸다. 두려웠다. 새해도 고공 농성장에서 맞이하게 되진 않을까. 다행히 씨앤앰 경영진과 희망연대노동조합은 집중교섭을 벌였고 △ 해고자 83명 전원 고용보장(해고자 109명 중 지방노동위원회 복직 결정 9명과 이직 및 조합 탈퇴자 제외), △ 최대주주 국민유선방송투자의 씨앤앰 매각 시 구조조정 금지, △ 2014년도 임금 및 단체협약 체결(씨앤앰지부 4% 인상/ 케이블방송비정규직지부 12만 원 인상) 등 잠정 합의안을 도출해 냈다. 2014년 12월 30일에 벌어진 일이다. 임정균-강성덕 씨는 그다음 날 다시 땅으로 내려올 수 있었다.

씨앤앰 사태는 개인적으로도 많은 고민을 하게 된 계기가 됐다. 그리고 결심하게 만들었다. '입법노동자가 되겠다'라고. 국회에 들어가 개별 사건이 아닌 구조적인 문제에 접근할 수 있다면…. 그곳에서 더 많은 일을 해 보고 싶었다. 유료방송 노동자들 역시 내가 국회로 가겠다고 했을 때 많은 응원을 해 줬다.

갑에게 '욕'먹는 국회의원을 원하지 않으십니까?

국회의원이 되고 나서 다짐했던 대로 유료방송 비정규직 노동자들의 노동환경을 개선하기 위해 이리저리 뛰어다녔다. 그런데 상황이 녹록지는 않았다. 많은 분들이 걱정해 준 사건도 그래서 벌어졌다. 티브로드 팀장이 회사 업무회의 중에 나에 대해 공개적으로 욕설을 퍼부었던 그 사건은 2017년 국정감사를 앞두고 벌어졌다.

티브로드는 협력업체 소속 노동자들의 노동환경 개선의 의지를 전혀 보여 주지 않았다. 특히 2017년에는 이용자 회선에 비정상 필터를 연결해 케이블 채널을 임의적으로 차단하고, AS 문의가 들어오면 고가의 상품 가입을 유도하는 일까지 벌였으니 기가 막혔다. 방송통신위원회 확인 결과, 필터링 작업은 525개 아파트 4만 6,731명을 대상으로 이뤄진 것으로 드러날 정도로 심각했다. 티브로드의 그 같은 행위는 「방송법」 제85조의 2(금지행위) "이용약관을 위반하여 방송 서비스를 제공하는 행위"에 해당되는 위법사항이었다.

티브로드의 문제는 또 있었다. 티브로드가 협력업체 소속 설치·AS 기사들에게 무리하게 업무 할당을 해서 작업 안전과 시청자 서비스에 문제가 발생하고 있었다. 케이블 기사들이 하루에도 몇 가구씩 돌아다니면서 업무를 하는데, 한 명의 AS 기사에게 같은 시각에 두 가구 이상을 중복 할당했던 것이다. 케이블 기사가 분신술을 쓰지 않는 한 불가능한 일이다. 그러다 보니 바쁜 업무 중에 고객들과 일일이 통화해 방문 시간을 조정해야 하고 고객들의 항의까지 감당해야 했다. 이런 무리한 업무 할당은 케이블 기사들의 과로로 이어지고 서비스 품질도 나빠질 수 있기 때문에 반드시 개선이 필요한 문제였다. 그런 부분에 대해 국정감사 전에 이미 개선을 주문한 상태였다. 티브로드 사장 또한 유영민 당시 과기정통부장관 후보자 인사청문회에 증인으로 출석해

'개선하겠다'고 밝혔다. 하지만 티브로드는 인원을 충원하는 대신 전산 시스템상의 방법만 바꿔 '중복할당'을 계속하고 있었다는 게 확인됐다.

이 밖에도 태광그룹 회장 일가가 최대주주로 있는 티시스 자회사 '휘슬링락컨트리클럽'에서 김치를 10kg당 19만 원을 주고 대량 구매해 기부하는 일도 확인됐다. 해당 기부를 통해 티브로드는 기부금 영수증을 발행받아 세금 혜택을 누렸다. 또 임직원들에게 복리후생 명목으로 계열사의 와인이나 상품권 구매를 강제했다. 계열사인 흥국화재 자동차보험 가입을 강요했을 뿐 아니라, 직원들의 개인정보까지 넘겨 보험 가입 영업을 하도록 했다.

2017년 국정감사에서 반드시 티브로드 사장을 불러 문제를 지적하고 개선 약속을 받아야 했다. 하지만 교섭단체 간사들 협의에서 증인으로 채택되지 않은 채로 과기정통부 대상 국정감사 일정이 잡혔다. 그런데 국정감사 준비에 한창일 때 녹취파일 하나를 입수했다. 들어보니, 가관이었다.

"이 더위만큼 끓어오르는 분노를 참지 마세요. 다 표출하세요. 누구한테? 협력사 사장들한테. 고객사 사장들. 정당하게 갑질하세요. 정당하게 갑질 (중략) 정의당 그 미친X 하나 있죠. 이름이 뭐야 그거. 국회의원 그 미친X. 이름 뭐야. 그때 그 청문회에서. 확 그냥 가 가지고 입을 찢어 죽여 버릴까 진짜. 중복할당을 내린다는 둥, 업무가 많다는 둥."

_티브로드 내부 업무회의에서 팀장이 한 발언 녹취 중에서

나에 대한 욕설이 담긴 녹취파일을 공개하는 게 기분 좋은 일은 아니었다. 하지만 티브로드 사장을 국정감사를 마무리하는 종합감사 때라도 증인으로 부르기 위해서는 어쩔 도리가 없었다. 무엇보다 티브로드 팀장이 공식적인 업무회의에서 '고객사 사장들에게 정당하게 갑질하세요'라고 당당하게 이야기하고, 국회의원에게 '미친X' 등 저렇게 발언할 수 있다는 것은 티브로드의 조직문화와 연결된 것으로 볼 수밖에 없었다. 그런 문화가 사라져야만 티브로드 회사가 시청자에게 제대로 된 책무를 다할 수 있을 것이라고 판단했다. 내 기분 따위를 챙길 여유는 없었다.

실제 녹취 내용은 큰 파장을 일으켰다. 포털 실시간 검색어에도 올랐다. 티브로드 사장은 국회 과학기술정보방송통신위원회뿐 아니라 국회 정무위원회까지 불려 가야 했다. 다들 놀랐다. 보수 정당의 한 의원 역시 "순 도둑놈들이네", "당신네 회사에서 지금 뭘 하고 있는지 아느냐"고 같이 공분해 주었다. 우리 당 심상정 대표도 정무위원회에서 큰 힘이 됐다. 심상정 대표는 "티브로드 공식 회의석상에서 팀장이 우리 정의당 의원에게 막말을 했다. 이런 정도면 그런 조직문화가 있든지 사장이 지시한 것 아니냐"고 추궁했다.

진짜 사장들의 직접고용으로 '고용안정'을

유료방송 비정규직 노동자들에게 가장 시급한 건 '고용안정'이다. 그러려면 원청이 업무를 외주화하지 않고 직접고용해야 한다. "진짜 사장 나와라"가 노동자들이 가장 많이 외치는 구호 중 하나이기도 하다. 원청으로부터 작업 지시를 받지만 협력업체에 고용된 형태다 보니 끊임없이 문제가 발생해 왔다. 특히, 협력업체가 중간에 바뀌게 되면 고용승계가 되더라도 근속이 사라지는 형태였다. 이것이 20여 년을 하나의 원청을 위해 일했음에도 불구하고 근속은 1년인 노동자들이 태반인 이유다. 그래서 원청이 직접고용하는 것, 그것이 가장 빠른 해결 방법이기도 했다.

하지만 상황은 너무 나빴다. 대부분의 설치기사들은 원청 직접고용은커녕 협력업체의 노동자도 되지 못했다. 노동자들이 노동조합을 만들어 겨우 노동자임을 인정받고 근로기준법을 적용받게 되자, 많은 협력업체들이 편법을 동원했다. 노동조합에 가입하지 않은 설치기사들에게 '도급계약'을 체결하게 하고 노동자가 아닌 개인사업자로 만든 것이다. 이른바 '개인도급기사'들이었다. 이들은 노동시간도, 4대 보험도 적용받지 못한 채로 일하고 있었다. 그러던 중 2016년 9월 SK브로드밴드 의정부센터에서 일하던 개인도급기사가 전신주에서 떨어져 사망하는 일이 발생했다. 산재보험 적용을 받지 못했다. 당장 '개인도급'이라는 사각지대부터 없애야겠다고 마음먹은 계기였다.

법령과 정부 정책들을 뒤졌다. 「정보통신공사업법」상 건물 밖 선로 구간을 작업하기 위해서는 공사업자로 등록을 해야 한다는 데 주목했다. '정보통신기술자 3명 이상 보유', '사무실', '1억 5,000만 원 이상의 자본금' 등의 등록 조건을 개인 기사들이 가졌을 리 없다. 과학기술정보통신부와 여러 차례 협의 끝에 개인도급 형태로 인력을 활용하는

"서비스 안정성을 위해 고용구조의 안정성이 필수입니다." LG유플러스 비정규직 노동자 직접고용 쟁취 결의대회에서(2017. 7. 7.)

것이 '불법'이라는 유권해석을 받아 냈다. 과기정통부에 불법의 실태를 알리고 조사를 요구했다. 조사에 착수한 후 얼마 지나지 않아 유료방송 협력업체들이 손을 들기 시작했다. 실제 2017년 3월 SK브로드밴드 협력업체가 개인도급기사들에 대한 노동자 지위를 확보하기로 결정했다.

이제 본격적으로 '원청 직접고용'으로 내달려야 했다. 사실 따지고 보면, 노동자들을 직접고용하는 게 원청으로서도 나쁜 선택이 아니다. SK브로드밴드는 사장이 바뀌면서 여러 고민을 했던 것으로 보였다. 협력업체 체계가 비용은 비용대로 들고 경영을 효율화하는 데도 어려운 구조였기 때문에 기술 변화에 따른 사업 다각화를 모색하는 데 한계가 있을 수밖에 없다고 생각했던 것. 그런 고민은 유료방송 노동자들의 안정된 고용 그리고 안정적인 서비스를 만들어야 한다는 내 문제의식과 직결된다고 판단해 지속적으로 설득 작업을 벌였다. "이번 기회에 직접고용합시다." SK브로드밴드 자체적으로 자회사를 통해 직접고용하도록 하는 데 정말 많은 땀을 흘려야 했다.

SK브로드밴드 사측과 노동조합을 한자리에 모았다. 그리고 빠르게 합의를 할 수 있었다. 물론, 현재로서는 절반의 성공이다. 아쉬운 부분이 많다. SK브로드밴드가 아닌 자회사를 통한 직접고용이었다. 협력업체들의 반발을 우려해 교섭 또한 비공개로 이뤄질 수밖에 없었다. 그로 인해 많은 비판을 받기도 했다. 결과에서도 미흡한 부분이 컸다. 노동환경은 많은 것들이 개선됐다고는 하지만 임금 부분에서 노동자들이 만족할 수 있는 수준은 아니었다. 그때 많은 것을 느꼈다. 선한 의지 못지않게 선한 결과도 중요하다는 사실 말이다. 국회의원의 한 사람으로서 더 나은 대안이 무엇일지 끊임없이 고민해야 하는 이유다. 이제 첫발을 내디딘 것으로 평가해 주면 고맙겠다.

LG유플러스 비정규직 노동자들 역시 '직접고용' 투쟁을 벌였다. 2018년 10월 15일부터 60일간의 노숙농성을 벌였을 뿐 아니라, 2주간 단식농성에 들어간 때였다. 그럼에도 불구하고 해결될 기미가 보이지 않아 노동자들이 철탑에 올라갔다는 소식을 접해야 했다. '오랜 기간 굶은 사람이 철탑에 올라가면 얼마나 버틸까', '잘못하면 죽을 수도 있겠다'는 생각에 빚쟁이처럼 조급해졌었다. 빠르게 해결하지 않으면 안 된다는 생각이 들었다.

고공 농성 이틀째 되던 날 '내일 오전까지 합의가 안 되면 직접 철탑에 올라가 노동자들과 함께 농성을 하겠다'고 마음먹고 그 결심을 LG유플러스 노사에 알렸다. 당시는 허리 디스크 수술을 하고 얼마 되지 않은 때여서 보좌진들도 모두 만류했었다. 주변에서 모두들 '어렵게 수술했는데…', '잘못하면 죽는다'고 걱정할 정도였다. 그럼에도 다른 길이 없었다. 만류하는 이들에게 말했다. '이번에 올라가면 정말 죽을 때까지 있으려고요', '협상 안 되면 지금 철탑에 올라간 노동자들도 죽기는 마찬가지잖아요'라고. LG유플러스 노사가 그날 밤새 마라톤협상을 벌였다.

그러고 나서 거짓말처럼 그 밤샘 회의에서 협상 결과가 나왔다. 2021년까지 자회사를 통한 정규직 고용의 합의를 얻을 수 있었다.

중요한 건 철탑에 올라간 노동자들이 잠정 합의안을 받아들일지 모르겠다는 우려였다. 노동조합 측에서 '추혜선 의원이 올라가 설득해서 데리고 내려와 달라'는 요청을 받았다. 흔쾌히 수락했다. 그리고 거

철탑 위에서 함께 내려온 김충태 수석부지부장과 고진복 서산지회 조직차장이 내 손을 꼭 잡아 주었다
(2018. 12. 14.)

짓말처럼 40미터 철탑에 올라가 노동자들의 손을 잡고 내려올 수 있었다. 노동자들이 철탑에 올라가 고공 농성을 벌인 지 3일째 되던 날이었다.

그때의 일은 아직도 기억에 생생하다. 당시 많은 스포트라이트가 다른 동료 의원들에게 쏟아졌었다. 소수 정당의 설움이었을까. 하지만 나에게 그건 별로 중요하지 않았다. 단지 '조합원들의 건강이 더 이상 악화되지 않고 내려올 수 있어서 다행'이라고만 생각했었으니까. 그때 고공 농성을 벌였던 김충태 수석부지부장과 고진복 서산지회 조직차장이 내 손을 꼭 잡아 주었다.

유료방송 비정규직의 투쟁은 아직 끝난 게 아니다. 티브로드 노동자들은 여전히 투쟁하고 있다. CJ헬로 노동자들은 LG유플러스와의 인수를 눈앞에 두고 불안감에 시달리고 있는 상태이기도 하다. 제일 걱정되는 것은 역시 노동자들이 일자리를 잃지는 않을까 하는 점이다. SK브로드밴드 자회사를 통해 고용된 노동자들의 노동환경 개선 역시 계속돼야 한다.

내 고민도 깊어지고 있다. 난 또 무엇을 할 것인가. 방송은 민주주의를 실현하는 수단이다. 한국 사회에서 대의민주주의가 제대로 작동하기 위한 언론의 공적 역할이기도 하다. 시간은 흘렀고 기술은 혁명적으로 변화했다. 그리고 새로운 서비스들이 계속 나오고 있다. 그럼에도 불구하고 변하지 않는 게 있다. 민주주의를 유지하기 위한 미디어(방송-언론의 확장된 형태)의 역할 말이다. 그리고 그 영역에서 종사하는 다양한 노동자들이 있다. 그들이 안정된 일터를 보장받는 게 중요한 까닭이다. 유료방송 비정규직 노동자들과의 연대는 시민사회 활동가에서 국회 입법노동자로의 길을 이어 주는 하나의 축이었다. 내가 사업자, 갑들로부터 욕을 먹으면서까지 멈출 수 없는 이유다.

티브로드 원청 정규직과 하청 비정규직 노동자들이 함께 줘서 더 뜻깊고 고마웠던 감사패(2018. 1. 2.)

우편배달부, '낭만'은 사라졌다

"따르릉, 따르르르릉~"

학창 시절 펜팔이 유행했었다. 〈FM 인기가요 100〉, 〈최신가요〉, 〈대중가요〉 등 노래책 뒷면에 펜팔을 원하는 사람들의 주소가 적혀 있었다. 해당 주소에 편지를 하면 답장이 왔다. 그 편지를 읽으며 친구들과 깔깔거리던 추억을 간직한 분들도 있을 것이다. 나 역시 그 같은 소녀였다. 특히, 완도 출신으로 섬에서 살다 보니 외부와의 소통이 무엇보다도 소중했다. 그 당시 우편배달부(이하 집배원)를 얼마나 기다렸겠나. 집배원이 탄 자전거가 집 근처 모퉁이를 돌며 울리던 '따르릉' 소리에 한참을 설렜다.

그 당시 집배원은 TV 수신료 징수원과 함께 우리 마을의 심부름을 도맡아 해 주셨다. 읍내에서 정기적으로 방문하는 분들이었기 때문에 마을에 필요한 감기약도 사다 주고, 설탕 한 포대도 사 들고 오고 그랬다. 여러 사정으로 인해 읍내에 나갈 수 없는 사람들을 위한 마음에서 비롯된 문화였다. 비단, 완도뿐이었을까. 그렇지 않았을 것이다. 대한민국의 산골, 벽촌, 오지, 섬에 사는 분들은 공감대가 많을 거라 믿는다. 그분들은 시골의 삶 속에서 깊숙이 숨 쉬는 공동체였다고 보는 게 옳다. '공공성'을 이야기하면, 많은 사람들이 그 개념을 어렵다고 하는데 사실 이런 게 핵심이 아닐까 생각할 때가 많다. 세월이 흐르고 기술이 급변해도 지켜져야 하는…. 그때의 집배원 아저씨들의 얼굴에 그려진 잔주름과 은은한 미소가 여전히 머릿속에 생생하다.

세월이 흘렀을 뿐이다. 그 기간, 집배원들에는 무슨 일이 있었던 것인가. 낭만은 사라졌다. 그리고 그들의 얼굴에서 미소가 사라졌다. 미소만의 문제가 아니었다. 그들은 죽어 가고 있었다.

우편배달부들의 얼굴에 미소가 사라지고 있다

2017년 9월 5일. 광주 서구 서광주우체국에서 일하던 이길연 씨가 집에서 숨진 채 발견됐다. 그는 매우 짧은, 그러나 울림이 큰 유서를 남기고 떠났다. '두렵다. 이 아픈 몸 이끌고 출근하라네. 사람 취급 안 하네. 가족들 미안해.' 그 유서를 읽는 순간 나는 당황했다. 내 인생 '추억'의 한 페이지였던 분들이 현대사회로 오며 중노동에 시달리고 있었던 것이다.

교통사고… 자살… 자살… 자살… 자살… 심근경색… 심근경색….

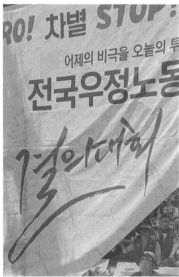

위 집배노동자 사망 국민진상조사위원회 구성을 요구하는 1인 시위(2017. 7. 13)

아래 우체국 집배노조 서울 도심서 결의대회 "죽음의 우체국 멈춰라"(2017. 6. 18)

집배노동자들의 죽음의 행렬이 이어졌다. 고객들의 우편을 배달하다가 심정지로 사망하기도 했고, 우편물을 정리하다 호흡곤란으로 세상을 떠나기도 했다. 업무의 과중함을 토로하며 스스로 목숨을 끊는 분들도 있었다. 2017년 한 해에만 39명의 집배원이 목숨을 잃었다고 한다. 그 가운데 심혈관계 질환 혹은 암으로 사망한 집배원이 20명으로 가장 많았다. 그리고 두 번째가 자살이었다. 자살이라니…. 2017년 한 해에만 9명의 집배노동자가 스스로 목숨을 끊었다. 이길연 씨 역시 그 중 한 명이었다.

이길연 씨는 사망 한 달 전인 8월 배달하던 도중 중앙선을 침범한 차와의 충돌로 부상을 입었다. 그럼에도 불구하고 우체국에서는 이길연 씨에게 출근을 독촉했다는 게 가족 그리고 동료들의 일관된 진술이다.

"저의 아버지인 이길연 집배원은 자살을 하신 게 아닙니다. 사회적 타살로 돌아가시게 되었습니다. 저의 아버지는 지난 8월 10일 업무상 교통사고를 당했음에도 공상 처리(공무상 재해)가 되지 못하고 일반 병가로 쉴 수밖에 없으셨습니다. 그 병가 기간에 맘껏 쉬지 못하시고 반복되는 출근 종용에 극단적인 선택을 하시게 된 것입니다. 이 이야기를 목이 터져라 저희는 외치고 다녔습니다. 저희는 길바닥에 분향소를 치고 밤새 분향소를 지켰습니다. 서광주우체국장은 그런 우리를 경찰에 업무방해로 신고하기도 했습니다. 싸울수록 저희 아버지가 어떤 환경에서 일하셨을지 저희는 상상이 됐습니다."

"저희 아버지는 정당한 시스템과 간부들의 정당한 배려 속에 1주만 더

요양하실 수 있었더라면 세상을 떠나지 않으셨을 것입니다."

_ 2017. 9. 19. 이동하 고(故)이길연집배원대책위 유가족대표, 기자회견 중

'사람 취급 안 한다'던 우체국의 실태는 JTBC 보도[1]를 통해 고스란히 드러났다. JTBC 〈뉴스룸〉은 이길연 씨가 사망하기 전날로 추정되는 CCTV 영상을 공개했다. CCTV 속 이길연 씨는 절뚝이고 있었다. 그럼에도 불구하고 같은 시각 우체국에서는 "내일부터 출근이 가능하냐"고 종용을 했다. 이길연 씨가 받았을 압박감이 얼마나 컸을지 짐작되는 대목이었다.

이길연 집배원이 절뚝이는 영상을 본 현직 집배원들은 "왼쪽 다리가 성하지 못하다는 것은 일을 할 수 없다는 얘기입니다. 오토바이를 타고 내릴 때 왼쪽으로 기울이면서 세우는데, 그러면 왼발은 더욱 많은 하중을 버텨야 하기 때문에 고인처럼 왼쪽 다리에 통증이 있으면 업무를 할 수가 없습니다", "인력 부족으로 집배원들은 기계가 되었습니다. 전국의 모든 우체국에서 볼 수 있는 일"이라고 안타까움을 표했다. 일을 할 수 없음에도 일을 강요받았던 이길연 씨.

이길연 집배원의 사망 소식은 많은 국민들의 안타까움을 자아냈다. 관련 기사에는 "언덕길을 열심히 오르시는 집배원님들 감사합니다", "겨울 미끄러운 언덕길에서 넘어져 나뒹굴던 짐들을 부랴부랴

---

1) JTBC 〈뉴스룸〉, 「[단독] '아파도 출근 독촉'… 목숨 끊은 집배원 마지막 영상」 보도 (2017년 9월 11일 방영).

담던 우체부 아저씨가 생각납니다"라는 댓글이 달리기도 했다. 집배원들의 열악한 노동환경을 걱정하는 여론이 그렇게 조성되고 있었던 셈이다.

집배노동자들의 노동강도는 통계에서도 드러난다. 2017년 한국노동연구원의 〈집배원 과로사 근절대책 마련을 위한 실태조사〉에 따르면, 집배원들의 연평균 근로시간은 2,869시간에 달했다. OECD 연평균 근로시간은 1,766시간이다. 집배노동자들의 노동강도를 그대로 보여 주는 자료였다. 민주사회를 위한 변호사모임 광주전남지부 서광주우체국 집배노동자 자살 사건 법률지원단(이하 법률지원단)에 의하면, 서광주우체국 팀원들의 하루 평균 이동거리는 20km 미만(6명), 20~40km(5명)으로 조사됐다. 그들은 평균 2,467세대를 담당하고 있었다. 이길연 집배원의 상황도 크게 다르지 않았다. 우정본부가 제출한 자료에 의하면, 이길연 씨는 일평균 17.8km를 운행(2017년 1월 1일~8월 10일 기준)하며 등기 116개, 택배 9개, 일반통상 1,046개를 담당했다. 특히, 8월 3일 무렵에는 2,915세대와 156개의 건물을 담당한 것으로 알려졌다. '아, 이길연 집배원 역시 사회적 타살이구나.'

이길연 씨의 사망이 드러났을 때 심적으로 많이 고통스러운 상황이었다. 거의 날마다 노동자들의 죽음을 국민들에게 이야기하고 있었기 때문이다. LG유플러스 현장실습생의 사망, 케이블 인터넷 설치기사의 추락사, 박환성·김광일 PD의 죽음까지. 그런데 또다시 입 밖으로 이길연 집배원의 사망을 이야기해야 하는 상황이 너무 괴로웠다. 한숨이 절로 났다. 한국 사회는 왜 이렇게 열악한 환경에서 노동자들이 일을 해야 하는 것인가. 하지만 기억해야 했다. 그들의 죽음을. 그래야 미래가 있을 테니 말이다.

나를 화나게 하는 것

이길연 집배원의 사망을 두고 진짜 나를 화나게 한 것은 우정사업 본부의 태도였다. 공무상 재해는 안 된다더니 이길연 씨가 사망하고 시끄러워질 것 같으니 유가족들에게 '(공무상 재해) 처리될 수 있게 해주겠다'면서 서명을 종용했다고 한다. 인간에 대한 예의는 어디에서 찾을 수 있는 것인가. 국회 대정부질의에서 이길연 씨의 사연을 이야기하는데, 나도 모르게 눈물이 나오려는 걸 겨우 참아 냈다.

"압력 때문입니다. 실질적으로. 그제 광주 가서 유가족들과 동료들을 좀 만나고 왔습니다. 유가족들이 '사과라도 좀 받고 싶다'고 이야기를 하고 계세요. 문제는 지방우정청 직원들이 빈소에 찾아와서 '공무상 재해 신청하면 바로 처리될 수 있다'고 거기서 사인을 하라고 그랬답니다. 유족들이 하시는 말씀이 '아니 이거 사인해야 될 당사자는 돌아가시고 없는데, 관 뚜껑 열고 사인을 해야 하는 거냐'라고 말씀하세요. 가장 중요한 건 우정본부의 문제입니다. 우정본부. 우정본부의 고질적인 갑질. 일하는 사람들 맘껏 하대하고, 이 죽음의 행렬이 반복되는데도 근본적인 대책을 고민하거나 접근조차 하지 않습니다. (문제를) 제기하는 의원들에게는 '왜 괴롭히느냐', '집배원이 2만 명으로 많은데 그러니 당연히 사고사도 많을 거 아니냐'는 이런 얘기만 반복하고 있어요. 또, 이게 언론에 문제가 되거

범계역 사거리에서 1인 시위를 이어 가는 전국우정산업노동조합 안양우체국지부 주인두 지부장과 함께
(2019. 6. 22.)

나 하면 (울컥) 사건을 축소해서 만천하에 보도자료를 뿌립니다. 고인을 욕되게 하는 보도자료를 뿌리고 있어요. 이게 정부가 해야 될 일입니까?"

_ 2017. 9. 13. 추혜선, 국회 본회의 대정부질문 중

우정사업본부는 '무사고 1,000일'이라는 무리한 목표를 세워 놓고 개별 노동자들의 희생을 강요해 왔다. 이길연 씨가 공상이 아닌 병가로 쉴 수밖에 없는 이유이기도 했다. 그럼에도 불구하고 이길연 씨의 문제가 언론을 통해서 드러나자 '업무속도가 느린 편'이라거나 '우리는 편의를 많이 봐줬다'는 등 또다시 개인 이길연 씨가 문제라며 책임을 전가했다. 편의를 봐준 것이 공상 처리 불가였던가. 이길연 씨 사망과 관련해 대응하면서 진심으로 화가 난 부분이었다.

우정사업본부는 이길연 씨의 사망을 두고 '특별근로감독'이라는 지극히 당연한 길을 피해 갔다. '집배원 중대재해 해결을 위한 연대모임'이 2011~2013년 공무원연금공단·근로복지공단에서 작성한 '우정사업본부 소속 노동자 재해발생 경위서'와 '비정규직 집배원노동자 재해발생 내역서'를 받아 분석한 결과, 3년간 1,182명의 집배원이 업무로 인해 질병을 얻거나 사고를 당했고 19명이 사망한 것으로 집계됐다. 한 해 평균 9명이 사망하는 중대재해사업장인 것이다. 그런데도 정부는 '특별근로감독'을 피해 '실태조사'만 하려고 했다. 그 같은 실태조사 또한 업무강도가 심하다고 알려진 경인지역 우정청은 조사 대상에서 제외되었다. 실태조사에 대한 의지가 없음이 드러나는 순간이었다.

실태조사 결과가 부실하게 나온 것은 어쩌면 당연했다. 특히, 문제

가 된 부분은 '시간외근로수당'에서 드러났다. 해당 자료에 따르면, 시간외근로수당이 제대로 지급된 것처럼 부풀려 있었다. 우정사업본부로부터 자료를 제출받아 분석해 보니, 경인지방우정청 관내 우체국에서 집배원 초과근무 기록을 지속적으로 축소 조작한 사실이 드러났다. 화성향남우체국과 경기남양우체국은 'e-사람 시스템(공무원 인사관리 시스템)'에 입력된 초과근무 기록을 우체국 관리자가 임의로 축소 조작하는 방식으로 지난 2년간 52명의 집배원에 대해 8,327시간의 초과근무시간을 축소했다는 말이다. 과연 경인지방우정청만 그랬을까. 상당히 의심되는 대목이다. 집배원들의 증언들이 있었다. 그럼에도 불구하고 우정사업본부는 해당 실태조사에 사용된 데이터를 공개하지 않았다.

기술이 혁신되면 일하는 사람들이 그 서비스를 누리며 편안해야 하지 않겠나. 그런데 정작 노동자들은 과중한 노동에 시달리고 있다. 자본은 기본적으로 '사람'에 관심을 두지 않는다. 그렇기 때문에 정부가 그 역할을 제대로 해 줘야만 한다. 정부가 그런 시스템을 바꿔야 했는데, 그러지 못했다. 정부는 그냥 방치해 왔다. 아니, 정부 역시 '이윤'에만 관심을 두고 있는 게 오늘날의 암울한 현실이다. 노동환경을 개선해야 한다고 여러 차례 경고했음에도 우정사업본부는 요지부동이었다. 특히, '사람이 먼저'라고 외치는 문재인 정부에서도 바뀌지 않는 우정사업본부의 행태를 보고 충격을 받았다.

'국회에 있는 내가 무엇을 할 수 있을까' 고민이 깊었다. 그분들의 노동을 실제로 옆에서 지켜봤다. 내 눈에 가장 먼저 들어온 건 '밥'이었다. 인간이 생명을 유지하기 위해 가장 기초가 되는 것. 집배원들 중

고 이길연 집배노동자 사망에 대한 진상규명과 순직인정을 위한 진상조사 결과 발표 및 순직신청 기자회견
(2017. 12. 5.)

에는 공무원 신분이 아닌 비정규직들이 정말 많다. 그런데 그분들 예산에 식비가 책정되지 않고 있다는 사실을 확인했다. '이거 너무하는 거 아닌가'라는 생각이 들었다. 최소한 밥은 주고 일을 시켜야 하는 게 아닌가. 그래서 그분들에게 밥값을 제공하는 일부터 시작했다. 그리고 실제 반영되는 것으로 바뀌었다. 그분들의 노동환경에 비하면 아주 작은 성과였지만, 꼭 필요한 일이었다.

바뀐 게 없다

'다람쥐 쳇바퀴 돈다'는 말이 있다. 안타깝게도 집배노동자들의 노동환경은 바뀐 게 거의 없었다. 2019년 올해에만 사망한 집배원이 8명(6월 기준)이나 된다. 집배원 이은장 씨는 30대였다. 그가 우편배달을 맡았던 지역은 집들이 드문드문 떨어져 있는 산에 위치한 곳이라고 했다. 그 같은 집들을 오가는 데 드는 시간도 시간이지만 체력적으로 힘들 수밖에 없었을 것이다. 이은장 씨의 어머니는 '김밥 한 줄 사서 내내 먹으면서 다니고 물 한 모금도 제대로 먹을 시간이 없다', '9시 넘어서는 들어와 배가 고프다고 하더라'라고 말씀하셨다고 한다. 그 이야기를 들으니 이은장 씨의 고단한 삶이 그대로 나에게 투영되는 느낌이 들었다.

그런데 이은장 집배원의 열악한 노동이 드러나는 부분은 따로 있었다. 그가 상사가 키우는 반려동물을 돌보는 노동까지 떠맡아 했다는 얘기가 나왔다. 상사의 이삿짐을 챙기는 것도 비정규직 이은장 씨에게는 거절할 수 없는 '노동'이었을 것이다. 한국 사회 비정규직의 삶은 어쩌면 그리도 비슷하단 말인가. 집배원 전경학 씨 역시 '피곤하다'며 방으로 들어간 다음 날 숨진 채 발견됐다. 부검 결과 사망 원인은 '돌연사'. 여전히 집배원들의 삶은 나아진 게 없었다.

2017년 집배원들의 연속된 사망은 분명 사회적 공분을 일으켰'었'다. 이길연 씨의 사망 또한 그 한가운데 있었다. 그 당시 정부 주도로 우정사업본부와 노조, 외부 전문가들로 '집배원 노동조건 개선 기획 추진단'이 출범했다. 그리고 집배원 과로사를 막기 위한 권고안을 마련했다. 그 핵심은 2019년~2020년에 걸쳐 정규직 집배원 2,000명을 늘려야 한다는 내용이었다. 그런데 왜 나아진 게 없나. 안타깝게도 '정규직 증원' 발목을 잡은 쪽은 국회였다. 바로 내가 서 있는 그곳. 예산 증액이 국회를 통과하지 못했다. 그 때문에 지금도 너무 괴롭다.

해마다 정부 예산안을 심의할 때 집배원 처우 개선을 위한 예산 증액 의견을 제출했다. 정말 될 줄 알았다. 믿을 수밖에 없었다. 진보와 보수 정당을 떠나 집배원 과로사 문제에서는 서로 앞다퉈 관련 토론회 등 행사를 개최하며 관심을 보였기 때문이다. 그래서 예산도 당연히 잘될 줄 알았다. 그런데 그러지 못했다. 이번 사건을 보고 국회 지형 자체가 결과적으로 서민들, 국민들 편에 있지 않다는 걸 알수 있었다. 정의당이 연동형비례대표제를 강하게 주장하는 이유도 여기 있다. 이 나라의 곳간은 이런 아픈 부분에 국민들을 위해 열어야 한다.

위 "고용노동부, 우정사업본부, 미래부 규탄한다!" 고용노동부 집배원 장시간 노동 실태조사 입장 발표 기자회견(2017. 6. 15.)

아래 비정규직 수익금 302억, 상납 불법파견, 낙하산 인사에 방치된 2,500명 비정규직 권리 찾기_우체국 시설 관리단 적폐청산 및 비정규직 직접고용 촉구 기자회견(2017. 2. 20.)

KBS 드라마 〈어셈블리〉에서 진상필은 그런 대사를 한다. "어째서 부자를 돕는 건 투자라고 하고 가난한 사람을 돕는 건 비용이라고 합니까?" 지금 상황과 너무나도 잘 맞아떨어지는 명대사다. 노동자들의 노동환경만큼 국회 또한 여전히 변함이 없다. 그게 2015년 드라마였는데 말이다.

불합리하다. 우정사업본부는 다양한 사업을 하고 있다. 우편 서비스도 있지만 금융도 담당하고 있다. 그런데 말도 안 되는 일이 그 안에서 벌어지고 있다. 금융에서 생기는 '이익'은 국가가 우선적으로 가져가는 구조다. 반면, 국민들이 당연히 누려야 할 우편 서비스는 '비용'으로 생각하고 있다. 다른 사업에서 얻는 이익을 우편 서비스를 위해 사용하지 않는다. 공공적 성격의 우정 서비스가 정부 차원에서 '비용'이 되는 구조다. 이를 바꾸지 않으면 '죽음의 우체국'이라는 오명을 탈피하기 어려울 것이다.

이제는 끝내야 한다. 누군가 물었다. "어떻게 해결할 수 있을까요?" 난 대답했다. "이건 총리실에서 직접 챙겨야 해결의 실마리를 찾을 수 있을 것입니다"라고 말이다. 우정사업본부는 과기정통부 담당인데, '특별근로감독' 등 감시하는 역할은 고용노동부가 담당 부처다. 게다가 집배원 인력을 늘려야 하는데 그 칼자루를 쥐고 있는 쪽은 기획재정부에서 맡고 있다. 범정부적 차원에서 대책을 세워야만 한다는 얘기다.

학창 시절 완도의 경험이 오늘날 내가 집배원들의 노동에 관심을 갖게 된 이유였다. 당시 집배원들은 읍내에 나갈 수 없는 시골 사람들에게 필요한 약을 사다 주는 등 건강까지 책임져 주었다. 이제는 내가 그들이 건강한 일터에서 일할 수 있도록 해 줄 차례다. 사람이 죽어 가는 현상을 정치가 무력하게 지켜볼 수는 없는 일이다. 정치는 사람을 살려야 한다.

* 이 책을 쓰는 동안에도 집배원들의 죽음은 계속됐습니다. 충남 당진우체국에서 근무하던 중 숨진 고 강길식 씨(49세)를 비롯한 노동자들의 명복을 빕니다.

독립PD들의 사망이 헛되지 않도록

박환성·김광일 PD의 죽음을 애도하며

"……."

말을 잇지 못했다. 아니, 말을 이을 수가 없었다. 2017년 7월 19일 새벽. 국회 상임위 일정 준비를 하다가 녹초가 되어 사무실에 그대로 쓰러져 잠이 들었다. 그때였다. 그 새벽 적막한 사무실에 전화 한 통이 울린 것은. 전화를 건 사람은 김영미 독립PD. 그는 아무 말 없이 전화에 대고 목 놓아 울기 시작했다. 불길한 예감은 틀리지 않는다고 했던가. 박환성 독립PD와 김광일 독립PD가 촬영 차 떠났던 아프리카에서 사망했다는 비보가 날아들었다. '내가 아직 잠이 덜 깼나? 그들이 왜? 바로 며칠 전에도 몸조심해서 잘 다녀오라고 악수하던 그 PD가 왜?' 하지만 꿈이 아니었다. 꿈이길 간절히 바랐으나….

위 방송 외주제작 생태계 복원을 위한 공동행동선언, 고 박환성 PD와 김광일 PD와 함께 남아공에 갔다 홀로 돌아온 카메라를 동료들의 카메라가 위로한 듯 감싼 모습

아래 '다시 두 사람을 기억합니다' 고 박환성, 김광일 PD 1주기 추모제(2018. 7. 15.)

그것이 마지막 인사가 될 줄이야

고 박환성 PD는 남아프리카공화국으로 떠나기 전 국회 사무실을 찾아왔었다. EBS 〈다큐프라임〉 '야수와 방주' 편의 제작비 문제로 방송사로부터 당한 갑질을 증언하기 위해서였다.

고 박환성 PD는 EBS 〈다큐프라임〉 '야수와 방주' 편 제작을 위해 최소한으로 필요한 비용 2억 1,000만 원을 제작비로 요구했다고 했다. 하지만 EBS 측에서는 1억 4,000만 원밖에 지원할 수 없다고 했다는 것이다. 그는 부족한 제작비를 메우기 위해 전파진흥협회로부터 창작지원금(1억 2,000만 원)을 받았다고 했다. 그런데 거기에서 문제가 발생했다. EBS에서 전파진흥협회로부터 받은 창작지원금의 40%(약 4,800만 원)를 '간접비' 명목으로 환수하겠다고 했다는 것이다. EBS 방송을 위해 부족한 제작비를 발품 팔아 구해 왔더니 그것마저 떼어 가겠다는 것인가. 고 박환성 PD는 아프리카로 떠나기 전 "다시는 방송사랑 작업을 못 해도 이번에는 그냥 안 넘어갈 겁니다"라는 말을 남겼다. 아프리카 비행기를 타기 전 우리 사무실을 찾아와 열변을 토했던 그였다.

그날 사무실을 떠나는 그의 손을 잡고 "몸 조심히 잘 다녀와요", "다녀와서 우리 간접비 환수 문제 잘 해결해 봅시다." 하면서 응원을 했었다. 그런 내 말에 환한 미소로 답해 주던 그의 얼굴을 아직 잊을 수가 없다. 그런데 그것이 마지막 인사가 됐다. 박환성 PD가 아프리카에서 장시간 촬영에 녹초가 된 채로 운전까지 해야 하는 줄 몰랐다. 만일 알았다면 달라졌을까. 모든 것이 후회가 된다. "절대 무리하지 말라"고 얘기해 주지 못한 것이 한으로 남았다. 그렇게 한국 사회는 자연 다큐멘터리의 독보적 존재로 불리던 두 명의 독립PD를 잃었다.

한국독립PD협회(회장 송규학)가 구성한 사고수습대책위원회에 의하면, 14일 고 박환성-김광일 PD는 촬영을 끝내고 숙소로 돌아가던 중 맞은편에서 달려오는 차량과 정면충돌하는 사고가 났다고 한다. 가로등도 없는 도시와 도시 사이의 국도였다. 목격자는 두 PD가 탄 차량이 좌우로 흔들흔들하면서 졸음운전인 것 같았다고 진술했다. 시신의 훼손 정도가 심했다고도 한다. 어떻게 손써 볼 수도 없었다는 얘기다. 현지 가이드가 실종신고를 했고 뒤늦게 사망 소식이 알려진 것이다.

누군가는 '사고사는 어디에도 있을 수 있는 것 아니냐'고 물을지 모르겠다. 하지만 단연코 두 독립PD의 사망은 사고사만으로 이야기하기 어렵다. 이미 알고 있지 않은가. 운전하기 어려운 지역으로 알려진 아프리카. 그럼에도 그들이 왜 그날 운전대를 잡을 수밖에 없었는지 말이다. 허망한 가정이 돼 버렸지만 이렇게 질문해 본다. "만약에 넉넉한 제작비가 있었더라면…. 현지 운전사를 고용해 촬영에만 전념할 수 있었더라면…. 하루라도 체류비를 아끼려고 전전긍긍하지 않았어도 됐더라면…."

두 독립PD 사망이라는 비보에 넋이 나갔다. 그런데 내가 정신 차리지 않으면 안 됐다. '뭐부터 해야 하지?' 머릿속은 아무것도 떠오르지 않았지만 계속 생각했다. 그랬다. 일단 두 분의 시신부터 국내로 운구해야 했다. 그것부터 쉬운 일은 아니었다. 시신 수습은 기본적으로 직계 가족이 담당해야 했다. 무엇보다 많은 돈이 들어갈 것이 너무나도 자명했다. 한국독립PD협회가 구성한 사고수습대책위원회에서 모금

독립PD네트워크

당신이 아름다웠기에 당신이 남긴 작품도 아름다웠습니다.
영원한 독립 PD 당신을 기억하겠습니다.

PD였기에 행복했던 사람

故 김광일 KIM Kwang-il
1980 - 2017

당신은 영원한 다큐멘터리스트...

자연을 사랑했고 사람을 더욱 사랑한 박환성 감독
그토록 좋아했던 자연으로 돌아간 당신을
영원히 기억하겠습니다.

故 박환성 PARK Hwan-sung
1969 - 2017

PD였기에 행복했던 사람. 영원한 다큐멘터리스트 고 박환성 김광일 PD를 추모합니다.

을 시작한 이유였다.

19일 국회 과학기술정보방송통신위원회에서는 이효성 당시 방송통신위원회 위원장 후보자에 대한 인사청문회가 예정돼 있었다. '두 독립PD에 대한 애도는 일단 미루자. 내가 국회로 들어온 이유는 여기 있지 않은가'라고 나 자신을 다독였다. 그리고 차분히 질의를 시작했다.

"가슴 아픈 소식을 전해 드려야겠습니다. 지난 주말 우리나라 독보적인 동물 다큐멘터리 연출자를 잃었습니다. 제가 오늘 새벽에 그 비보를 접했습니다. 빠듯한 제작비 때문에 강행군한 것으로 보이는데요. 일반적으로 아프리카는 오지를 촬영할 때 위험한 환경 때문에 밤에 장거리 운전을 하지 않는데, 보아하니 운전기사도 없이 직접 운전하면서 촬영을 한 것 같습니다. 고인이 된 이 PD를 지난주 남아공 출국 전에 제가 사실은 만났습니다. 방송사 외주제작 불공정 거래 관행을 증언해 주셨습니다. 이게 뭐냐면, 제작사가 정부로부터 받은 지원금 일정 비율을 방송사가 간접비 등의 명목으로 환수한다는 겁니다. 이는 방송사의 오랜 관행입니다. 그런데 판로가 제한적이니까 제작자들이 근본적으로 방송사 요구를 거부할 수 없는 상황이에요. 독립PD들은 방송사에 (간접비 등을) 지급하다 보면 굉장히 위험한 환경 속에서 제작하게 된다는 겁니다. 마침내 이런 슬픈 소식까지 전해 듣게 됐습니다."

"문제는 그러다 보니 이 영역에서 독보적인 기술을 가진 분들이 더 이상 감당하지 못하고 사라지고 있다는 겁니다. 떠나거나 죽거나⋯."

_2017. 7. 19. 추혜선, 이효성 방송통신위원장 후보자 인사청문회 질의 중

고 이성규 PD가 계속 떠올랐다

우리 사회는 이미 독보적 독립다큐멘터리 이성규 감독을 잃은 적이 있다. 고 박환성-김광일 독립PD의 사망 소식에 그가 떠올랐다.

고 이성규 독립PD를 처음 만난 곳은 언론개혁시민연대가 서대문에 있던 때였다. 그를 소개하자면 다큐멘터리 〈오래된 인력거〉(2010년)를 이야기하지 않을 수 없다. 인도의 인력거꾼 이야기를 그린 해당 작품은 아시아권 최초로 암스테르담 다큐멘터리영화제 장편 후보에 오른 수작이었다. 가히 '거장'으로 불릴 만한 독립PD. 그가 촬영 차 인도에 다녀온 후 서대문역 부근 한 지하 식당에서 막걸리 한잔을 했었다. 그날 고 이성규 독립PD는 '내가 죽는 건 억울하지 않은데, 후배들도 같은 열악한 환경에서 촬영할 생각을 하면 너무나 억울하다'고 했었다.

그는 누구보다 다큐멘터리를, 그리고 후배들을 사랑한 사람이었다. 그렇기 때문에 누구보다도 방송사들의 외주제작 불공정 관행의 문제점을 이야기했던 것이다. 그는 지상파를 '슈퍼갑(甲)'으로 규정하고 "제작사에게 '앵벌이'를 시키고 '삥'을 뜯어 가는 존재"라고 끊임없이 이야기하며 개선의 목소리를 높였었다. 애정이 없다면 할 수 없는 행동이었다. 그런 그였기에 따르는 후배들도 많았다. 이성규 독립PD는 간암 말기 진단을 받고 2013년 12월 13일 새벽 2시 20분, 우리의 곁을 떠났다.

지금 생각해 보면, 고 이성규 독립PD의 그 같은 '애정'이 나에게 방송사 외주제작 불공정 거래 관행에 관심을 갖도록 재촉했던 게 아닐까 싶다. 2015년 종합편성채널 MBN의 한 PD가 어느 독립PD를 술자리에서 폭행해 안면 골절로 수술을 받는 사건이 벌어졌을 때에도 그랬다. 너무나 끔찍했던 증언들. 독립PD들은 그 어느 때보다 열심히 싸웠다. 그리고 1인 시위를 하며 독립PD들과 본격적으로 만나기 시작했다.

유사한 일은 끊임없이 이어졌다. 2017년 9월. 독립PD들이 MBC〈리얼스토리 눈〉관계자가 시사 과정에서 내뱉은 3분 34초가량의 녹취록을 폭로했다. 인격 모독적 욕설은 물론 성희롱까지. '방송사 본사와 PD들의 외주제작사, 독립PD에 대한 횡포가 심각하다고 들었지만 이 정도일 줄은 몰랐다'는 생각이 절로 났다. 방송의 뒤편에서 진짜 리얼 막장스토리가 벌어지고 있었던 셈이다.

그뿐인가. SBS〈동상이몽〉PD는 프리랜서 카메라 감독의 임금을 '상품권'으로 지급하는 일이 벌어졌다.〈한겨레21〉기사에 따르면 '배추페이'도 있었다고 하지 않던가. 방송계 '을'의 문제로 넓혀 보면 그 피해자는 더 많아진다. SBS〈그것이 알고 싶다〉작가들의 내부고발도 있었다. "월급은 160만 원, 6주 간격으로 팀이 돌아가는 시스템이었다. 그곳에선 24시간 일을 했다", "밥 심부름, 커피 심부름이 주 업무였다", "여기는 똑똑한 작가가 아니라 말 잘 듣는 작가를 원하는 곳이야. 그렇게 똑똑하게 굴 거면 여기서 일 못 해. 다들 그렇게 일해 왔고, 그게 여기의 규정이야"라던. 갑과 을의 관계 속에서 벌어지는 일이었다. 고 이성규 PD가 세상을 떠난 지 6년이 지났지만 여전히 변하지 않은 관행들. '방송문화'라는 이름으로 견고하게 남아 있었다.

단 하나 달라진 게 있다면 '꿈틀'거리는 목소리가 더 커졌다는 사실이다. 고 이성규 독립PD가 한국 사회에 준 작은 선물이라고 생각했던 기억이 난다.

장례식장에서는 상주 그것으로 끝내면 안 된다

독립PD들의 끈끈한 동료애를 다시 한 번 느낀 때가 바로 고 박환성-김광일 PD 시신 수습을 위한 모금을 진행할 때였다. 추모 물결이 이어지면서 빠르게 후원금을 모금했다고 들었는데, 곧이어 비행기에 오르게 됐다는 소식이 이어졌다. 함께 아파하지 않았다면 가능하지 않은 일이었다.

고 박환성 PD와 김광일 PD를 한국으로 데려오기 위해 동료들이 남아공으로 떠나던 날은 7월 25일, 토요일이었다. 처참한 시신을 확인하고 운구하러 간다는 게 동료들에게도 큰 아픔이었을 터였다. 그 마음을 생각하니 국회에 그냥 있을 수가 없었다. 결국 함께하기 위해 공항으로 배웅을 갔었다. 함께 슬퍼하기 위해서…. 그 마음들을 아니까. 그리고 그 당시에는 그것밖에 할 수 있는 게 없기도 했다.

장례식장에서도 마찬가지였다. 두 독립PD가 가는 마지막 길인 빈소가 쓸쓸하면 안 될 것 같아 상주 노릇을 자처했다. 그런데 참 많은 분들이 함께해 줬다. 모두 같은 마음이었던 것 같다. 가족들과 함께 억울함을 토로하고 분노하고 울었다. 아이러니하게도 그 과정에서 서로들 많은 위로를 받기도 했던 것 같다. 독립PD들과 이야기를 많이 나눴고, 고 이성규 PD, 고 박환성 PD, 고 김광일 PD가 우리 사회에 남긴 숙제를 해야 한다는 공감대가 더 커졌다.

"박환성 PD와 김광일 PD가 떠났다는 게 아직도 실감이 나지 않습니다. 지금이라도 우리 앞에 나타나 다음 작품 준비한다며 부산을 떨 것만 같습니다. 차량 뒷좌석에 남아 있던 햄버거와 콜라병 사진이 머릿속을 떠나지 않습니다."

"남아공 촬영 떠나기 전에 만났을 때 절대 무리하지 말라고 얘기해 주지 못한 것이 한으로 남습니다. 그날 박환성 PD가 했던 이야기들이 유언이 될 줄은 미처 몰랐습니다. 열악한 독립PD들의 노동환경, 방송사와 외주사 간의 불공정 거래를 함께 바꿔 보자는 저의 말에 환한 미소로 답해 주던 얼굴을 잊을 수가 없습니다. 두 PD가 우리 곁을 떠나기 전에 현실을 바꾸기 위해 더 노력하지 못한 것이 너무나 죄송합니다."

"후배들과 갖은 고생 다 하면서 촬영하다가 갑자기 취소돼서 그동안 일했던 대가도 못 받고 하루아침에 다섯 명이 백수 됐다고 한탄할 때, 방송사 관리자에게 맞아서 다쳤는데 혹시라도 시끄러워지면 더 이상 일을 못하게 될까 봐 병원도 경찰서도 못 가고 아픈 것도 숨기며 일했다고 이야기할 때, 그때 이미 수많은 박환성과 김광일이 아프다고 소리치고 있었습니다."

"제작비 아끼느라 숙소 잡는 걸 포기하고 새벽 4시에 출발해 촬영하고 밤 12시에 서울 도착했다며 안주 삼아 얘기들 하더니, 결국 한 독립PD가 교통사고로 세상을 떠났을 때, 방송사 PD가 독립PD에게 무자비한 폭행을 해도 방송사는 '우발적이고 사사로운 일'이라며 넘기려 하고, 거기에 항의해 1인 시위에 참여했던 PD들 중 교통사고로 다쳐 회복 중이던 독립 PD가 세 명이나 있었다는 말을 들었을 때, 독립PD 노동인권 실태조사 설문지에 '인권침해는 참을 수가 있다. 사고 나서 죽으면 개죽음만 아니게 해 달라'고 적어 놓은 답변을 봤을 때, 그때 좀 더 용기를 내자고 손을 내밀지 못한 것이 너무나 한스럽고 죄송합니다."

"차라리 제작비 적게 주면 주는 만큼만 작품 수준을 맞추라고, 적당히 잘 팔릴 만한 작품 만들어서 좀 편하게 먹고살자고, 거대 방송사와 정부도 외면하는 미디어 다양성 가치쯤이야 가난한 독립PD들이 아등바등 지킬 거 뭐 있느냐고, 좋은 게 좋은 거라고 붙들었더라면 이 보석 같은 사람들을 떠나보내고 억장이 무너지지는 않아도 됐을까, 말도 안 되는 생각마저 듭니다."

"삶에 대한 성찰과 아름다운 자연이 담긴 작품들, 사회의 모순을 고발하며 폐부를 찌르는 다큐멘터리, 그 어떤 것을 봐도 이제 박환성 PD와 김광일 PD가 먼저 떠오를 것 같습니다. 저걸 찍다가 누군가 다치진 않았을까 해서 심장이 덜컹거릴 것 같습니다."

"후배들만은 더 나은 환경에서 좋은 작품을 만들 수 있게 하겠다던 박환성 PD의 말을 잊지 않겠습니다. 작품으로 세상을 바꾸고 싶던 김광일 PD의 꿈을 후배 PD들이 포기하지 않고 이어 갈 수 있도록 하겠습니다. 독립PD들의 꿈과 열정이 더 이상 가난과 굴욕을 감수하게 만드는 족쇄가 되지 않도록 할 것입니다. 독립PD들이 후배들에게 자신 있게 독립

드라마 제작 현장 장시간 노동 실태를 폭로하고 개선을 촉구하는 기자회견. 희망연대노조 방송스태프지부
와 함께(2018. 8. 9.)

PD 하라고 권할 수 있는 노동환경을 만들기 위해 끝까지 노력한 후에, 먼 훗날 하늘나라에서 다시 만나겠습니다."

_2017. 7. 29. 추혜선, 고 박환성·김광일 PD 영결식 추도사 중

그들의 '죽음'이 헛되지 않도록…

두 독립PD의 사망에 대한 국민적 애도는 방송계 환경을 조금은 변하게 할 수 있을까? 아니, 질문해야 할 일이 아니다. 이번에야말로 바꿔 내야 한다. 국회에서 할 수 있는 최선의 노력을 다하겠다고 다짐했다. 그것이 그들에게 약속한 '먼 훗날 다시 만날 날'을 기약하며 살아가는 우리들의 삶이어야 했다. 그리고 그 변화의 조짐은 보이기 시작했다. '을'들이 모이기 시작했던 것이다.

박환성-김광일 PD의 사망 그리고 tvN 〈혼술남녀〉 조연출로 일했던 이한빛 PD의 사망까지. 방송계 다양한 '을'들이 꿈틀거렸다. 2018년은 그런 해로 기억될 것 같다. '방송계 을들의 공정노동을 찾아가는 해'라고 말이다. 실제, 2018년에는 △ 박원순 서울시장의 tbs 프리랜서의 정규직 전환 선언, △ 한빛미디어노동인권센터 개소(5월), △ 민주노총 희망연대노조 방송스태프지부 출범(7월), △ 전국언론노동조합 최초 방송사 산별교섭(9월) 등이 이어졌다. 특히, 방송스태프지부의 출범은 큰 의미를 남겼다. 사람의 목숨과 열정에 기대어 착취구조로 돌아가던 방송판을 바꿔야 한다는 여론이 높아진 것이다.

영화 〈기생충〉이 칸영화제에서 황금종려상을 받았다. 그 상이 더

빛났던 이유는 봉준호 감독이 영화를 찍으며 「근로기준법」상 52시간 노동을 지키며 촬영을 마쳤기 때문이기도 했다. 아동 연기자 노동에 대한 배려도 빛났다. 2018년 여름, 한국 사회는 '폭염'으로 뒤덮여 있었다. 그런데 〈기생충〉에서 다송 역을 맡았던 정현준 아역배우가 밖에서 촬영해야 할 부분이 있었다고 한다. 그때 봉준호 감독이 CG를 이용해 아역배우의 건강권을 보호하는 데에도 앞장섰다고 들었다. 물론 봉준호 감독이 시작한 일은 아니다. 한국 영화판에서는 이미 「근로기준법」을 지키는 관행이 자리 잡아 가고 있었다. 그럼에도 불구하고 다시 한 번 회자된다는 것은 매우 중요한 일이다. 특히, 드라마 촬영 현장에서는 여전히 주당 68시간을 넘어 100시간을 넘나드는 노동이 이어지고 있기 때문이다.

방송계에서 '방송문화'라는 이름으로 견고하게 지속되던 관행들에 틈이 생기기 시작했다. 그런 주체들이 나서고 있다. JTBC 〈밥 잘 사주는 예쁜 누나〉에 이어 MBC 〈특별근로감독관 조장풍〉까지 노동시간을 줄이려는 노력이 이어지고 있기도 하다. 여전히 턱없이 부족하지만 말이다.

누군가가 나에게 물었다. '정치인은 언론에 밉보이면 힘들지 않으냐. 그런데 어떻게 방송사들 상대로 싸울 생각을 하느냐'고. 실제 주변에서 많이들 만류를 하기도 한다. 정치인의 길을 계속 걸으려면 적당히 타협도 해야 한다고 말이다. 그 같은 물음에 내 답은 하나다. "편한 것만 하자고 하면 국회의원 하지 말아야지."

국민들의 국회에 대한 신뢰도는 매우 낮다. 그 같은 불신의 원인은 '국회의원이 편한 일만 했기 때문'이라고 생각한다. 어느 편을 들어야 하는 문제가 아니다. 사람 마음이라는 게 그렇다. 불편한 구두를 신어서 발가락이 아프면, 하루 종일 신경이 발가락 끝에 머물러 있기 마련이다. 그것처럼 우리 사회도 병들고 아픈 데가 있으면 책임 있는 사람들의 시선은 그곳에 고정이 되어야 한다. 그게 정치의 기본이 않을까. 거창한 구호가 아니라, 정치는 국민들의 아픈 삶 속에 있어야 한다. 내가 방송계 불공정 노동에 관심을 기울이는 이유 또한 다르지 않다. 아픈 그들이 있기 때문에….

티브로드 노동자 김종이·곽영민 씨를 만나다

Q 추혜선이라는 사람은 어떻게 만나게 됐는지 궁금하다.

김종이 노동조합 전임 활동할 때 만났어요. 2015년 서울에서 토론회를 하는데 언론시민사회단체 사람들도 왔었거든요. 그때 그분을 만났었습니다. 언론개혁시민연대에서 활동하신다고…. 그 후 잊어버리고 있었죠. 그런데 20대 총선에 같이 대응해 줬던 언론단체에 계시던 분이 국회의원에 출마한다는 얘기를 들었어요. 만나 보니 추혜선 의원, 당시는 후보였죠. 그때 그분이었던 거죠.

곽영민 노동조합이라는 게 힘이 없다 보니 목소리를 내는 데 한계가 많았어요. 그때, 추혜선 의원이 언론 쪽에서 많이 활동하셨다고 얘기를 들었고 그렇게 만난 것으로 기억합니다. 처음에는 우리가 노동조합 활동하는 데 도움이 되지 않을까 하는 생각으로 만나게 됐던 것 같아요. 태광그룹이 삼성 못지않게 노동조합을 탄압한다는 사실은 많이들 알고 계시더라고요. 흥국생명 해고자복직투쟁위원회도 오랫동안

활동했으니까요. 그런 것들이 언론에서는 많이 다뤄지지 못했던 상황이기도 했습니다.

김종이 생각해 보면, 시기가 맞았던 것 같아요. 저희한테는 언론 전문가가 필요했고, 추혜선 의원은 정치생활을 시작하는 데 동력이 필요했던 거죠. 무엇보다 추혜선 의원이 국회에 입성한다면 국회 과학기술방송정보통신위원회에서 활동할 가능성이 매우 높았고요. 그렇게 저희는 서로에게 필요한 인연이었다고 생각합니다.

Q 추혜선 의원이 국회 입성하고 첫 의정활동이 김종이－곽영민 씨의 고공 농성장을 찾는 일이었다. 어떤 이유로 고공 농성에 들어갔던 것인가.

김종이 그때가 해고 기간은 점점 길어지고 천막 농성도 4개월 차 되는 시점이었습니다. 그럼에도 돌파구가 보이지 않았어요. 그렇게 열심히 싸워도 우리 목소리를 다뤄 주는 곳이 없더라고요. 저희로서는 우리 문제를 알리기 위한 행동이 필요했습니다. 개인적으로 저는 조합원들에게 '나만 믿고 따라오라'고 이야기를 했었기 때문에 책임져야겠다고 생각해서 한강대교를 올라가겠다고 결심했었어요. 곽영민 씨는 '김종이 혼자 못 보내겠다'고 해서 같이 올라갔던 것이고요. 근데, 거길 올라가고 나서야 제가 고소공포증이 있다는 사실을 알게 됐다니까요.(웃음) 곽영민 씨는 그 위 좁은 곳에서 마구 뛰어다니는데 저는 꼼짝을 못 하겠더라고요. 그렇게 시간이 흘러가고 있었습니다. 땡볕에 8시간 있었던 것 같아요. 소방대원들이 오고 도로 1차선을 막자 지나가던 시민들이 욕을 어찌나 하던지…. "그냥 뛰어내려라", "죽어 버려라"라고 소리를 지르고 그 소리에 더 겁이 나지 뭡니까. 그러던 차에 추혜선 의원이 와 준 거죠. 사실 이런 경우에 '사태가 해결될 때까지 내려갈 수 없다'고 버티기도 하고, 밀당도 좀 해야 하고 하는데 그러지 못했어요. 추혜선 의원이 사다리차를 타고 올라오자마자 제가 울음이 터져 버렸어요. 추혜선 의원을 안고 엉엉 울었습니다. 그런데 추혜선 의원이 같이 울어 주더라고요. 그래서 그냥 내려왔습니다. 하하.

곽영민 저는 3시간은 더 버틸 수 있었어요.

김종이 지금도 고공 농성을 하길 잘했다고 생각합니다. 티브로드 사태가 묻히는 게 싫었던 거니까. 실제 기사도 많이 나왔고요. 한강대교 올라가니까 네이버 상단에도 기사가 올라갔었어요. 아직도 가끔 그 기사들을 찾아봅니다. 하하.

Q 고공 농성 이후, 해고 문제는 잘 해결됐나?

김종이 잘 안 풀렸어요. 올라가면 해결될 줄 알았는데 원청이 뒤로 숨어 버린 거죠. 개인적으로는 한강대교 올라갔던 일로 유치장에 40여 시간 있다가 나온 이후 많이 아팠습니다. 갑상선 염증이라고 하더라고요. 얼굴 등 몸이 붓는 증상. 기도까지 부어서 숨도 안 쉬어져 병원에 갔었으니까요. 심각했죠. 무엇보다 고공 농성까지 했는데 문제가 안 풀리니 우울증도 오더라고요. 실제 고공 농성 이후 해결이 되지 않자 조합원들이 하나둘 떠나기도 했습니다. 전주 지역 조합원이 23명으로 시작했는데 복귀할 때는 13명이었으니까요. 8개월을 실업상태로 있는데 버틸 수 있는 사람이 얼마나 있었겠습니까. 특히, 가정이 있는 조합원들이 힘들었을 겁니다. 낮에는 천막을 지켜야 하니 알바도 못 뛰었습니다. 야간에 겨우 대리운전을 하거나 막노동판을 전전하면서 생계를 연명하고 그랬죠. 그분들이 지금까지 남아 있는 겁니다. 너무나도 감사하죠. 저도 염치가 있어서 그렇게 이야기를 했었습니다. '나도 여기까지밖에 못하겠습니다. 당신들도 더 이상 못 잡겠고요. 그래도 국정감사 기간까지만 날 믿어 주면 안 되겠습니까.' 그래서 국회 앞에서 농성을 다시 시작하게 됐던 것입니다. 그때도 추혜선 의원님이 많이 도와주셨어요. 처음에는 '이게 될까?' 싶었는데, 결국 되잖아요. 너무 기뻤죠.

Q 추혜선 의원이 어떤 부분에서 도움을 줬나?

김종이 국정감사 때 많이 도와주셨죠. 앞서 농성할 때에는 오신다는 얘기도 없이 천막에 찾아오신 적도 있습니다. 그때 조합원들이 많이 지쳐 있을 때였거든요. 그래서 날도 덥고 하니 기운도 낼 겸 삼계탕이나 끓여 먹자고 이야기가 나왔었습니다. 그렇게 큰 통에다가 닭백숙을 하고 있는데 추혜선 의원이 왔었습니다. 그때 서로 볼품없이 같이 닭을 뜯어 먹었어요. 그날 정말 많은 위로가 됐었습니다. 아마 조합원들에게도 그날 큰 인상을 주지 않았을까 생각합니다. 추혜선 의원은 저희들 복직이 결정되고 농성장 뒤풀이가 있던 날에도 찾아와 축하해 주었어요. 그러다 보니 전주에서는 정치는 잘 몰라도 추혜선 의원 이름은 다들 제대로 알고 있습니다. '이렇게 신경 써 주는 사람이 없다'고들 하죠.

Q 옆에서 본 추혜선 의원은 어떤 사람 같은가?

곽영민 솔직히 이야기하면 정치인은 다 똑같다고 생각합니다. 그런데 다른 정치인과 다른 부분은 '배신하지 않는다'인 것 같습니다. 정치인은 그게 제일 중요한 것 아니겠습니까? 저희들이 뭔가 하려고 했을 때 스피커 역할을 제대로 해 주기도 하셨어요. 노동자들의 입장에서 요구하는 것이 무엇인지 제대로 이해하고 국회에서 필요한 역할을 해 주신 거죠. 그렇게 배신하지 않는 정치인이라면 믿어 볼 수 있지 않을까 그런 생각을 했습니다. 정치인들 중에는 배신하는 분들이 꽤 많거든요. 선거철에만 표 얻으려고 립서비스하기에만 바쁜 정치인들을 많이 봤어요. 그런데 추혜선 의원. 이분은 노동자들에게 약속을 했고 그것을 지킨 분이죠.

김종이 처음에는 커 보였어요. 우리 일에 적극적으로 나서 주시는 모습을 보면서 그런 생각을 했던 것 같습니다. 그런데 뒤로 갈수록 누님 같은 느낌을 많이 받았어요. 제가 친누나들이 3명 있다 보니 더 그런 생각을 하게 된 것 같아요. 큰누나 같은 그런 느낌? 저는 지금도 정의당에 의리 지켜야 한다고 이야기를 하고 다닙니다. 추혜선 의원이 우리하고의 의리를 지켰으니 우리도 그래야 한다고 말입니다.

Q 추혜선 의원에게 하고 싶은 말이 있다면?

곽영민 재선, 지역구로 나와야 하는데 쉽지 않은 일이라 걱정됩니다. 추혜선 의원에 대해 우리같이 옆에서 지켜본 사람들은 많지 않으니까요. 선거제부터 빨리 바꾸든지 해야 할 텐데….

김종이 분위기가 많이 달라졌어요. 그런 점에 기대하고 있습니다.

추혜선 의원에게는 열심히 하셨으면 좋겠다는 말 이외에 무슨 말이 더 필요하겠어요. 국회의원 중에 듣보잡 정말 많거든요. 그런데 추혜선 의원은 의정활동 정말로 열심히 했습니다. 티브로드뿐만 아니라요. 그런 부분들을 많은 분들이 알아야 할 텐데 말입니다.

인터뷰 정리_ **권순택**(언론개혁시민연대 활동가)

2장

'을'들은 연대하면 안 됩니까?

베르테르의 슬픔을 기억하십니까

"지금 너무 억울하고 분한데 어떻게 설명할 방법이 많이 없어서.(울컥)"
_성선청과 김정균 전 대표

"10년이 지나도 억울한 감정이 다시 복받쳐 마음이 진정이 안 됩니다.(울컥)"_아하엠텍 안동권 전 대표

"과연 우리 대한민국은 을의 눈물을 닦아 주고 약자의 손을 잡아 줄수 있는 따뜻한 손길이 있는지 묻고 싶습니다.(눈물)"_가나안당진RPC 김영미전 대표

2018년 5월 17일, 국회 정론관이 눈물바다가 된 날로 기억한다. 대기업 롯데 계열사에 의해 피해를 입었다는 소상공인들이 한자리에 모였다. 이날 기자회견에서 롯데마트에 과일을 납품했던 성선청과 김정

균 전 대표는 그동안 당했던 갑질을 고발하고자 자리에 섰다. 그는 끝내 준비했던 말을 다 쏟아내지도 못했다. 눈물이 앞섰기 때문이다. 김 전 대표만이 아니었다. 땀 흘려 일군 생업이 롯데와 거래를 했다가 무너져 버린 분들이었다. 싸움을 하다 스스로 목숨을 끊은 분들의 얘기도 전해 들었다. 지금부터 하려는 이야기는 우리 사회가 오랫동안 손잡아 주지 못했던 '을'들의 이야기다.

"참 잘됐어요"라고 축하해 줬었다

가나안RPC(미곡종합처리장)심재민 공동대표와의 인연은 10여 년 전 내가 전국언론노동조합 SBS본부에서 일할 때로 거슬러 올라간다. 심재민 대표는 촉망받던 농업인이었다. 정부로부터 투자·지원을 받아 일본에 연수를 다녀오고 고급쌀(=명품쌀)을 생산하게 됐다는 소식을 들었었다. 그는 기술력을 앞세워 여러 아이디어를 가지고 사업을 하게 됐다고도 했다. 그리고 시간이 어느 정도 흘렀을 때에는 롯데로부터 대거 투자 유치를 받아 공장을 세우게 됐고, 이사진으로 참여한다는 소식까지 이어졌다. 그것이 바로 가나안RPC였다. 내가 언론개혁시민연대 사무총장으로 있을 때 만났던 심재민 대표였다. 그 당시 "잘됐다"며 서로 덕담을 나누고 그랬다.

그 후 심재민 공동대표와 연락이 끊겼다. 무소식이 희소식이라고 사업이 번창하는 줄로만 알았다. 그런데 국회로 들어와서 다시 만난 그는 공정거래위원회 앞에서 규탄 농성을 하고 있었다. 그 모습에 나는 생각했다. '무언가 크게 잘못됐구나.' 롯데의 갑질로 사업도 다 망했고 그로 인해 쌀을 공급해 주던 농민들도 자살하는 일이 있었다고 했다.

> "저희 회사와 농민들은 대기업 롯데 만나기 전까지 자사 제품의 우수한 품질의 인정으로 청와대를 비롯해 현대백화점 및 대소형 마트, 자체 로드숍을 운영하는 건실한 중소기업이었습니다. 그런데 2004년 6월 대기업 갑질 롯데상사로부터 저희 회사의 기술과 전국 유통망을 가진 롯데와의 합작 제안을 받게 되었습니다. 합작 제안의 조건은 롯데가 땅과 자금을 담당하고 저희 회사는 기술을 담당하며 생산은 가나안RPC, 판매는 롯데상사라는 제안이었습니다. 저는 오랫동안 일본에서 살고 있기에 롯데 이미지를 떠올려 보았습니다. 일본에서 롯데 이미지는 A플러스입니다. 그래서 저희 회사는 롯데 제안을 받아들일 것을 확정했습니다. 그러나 그 결정이 이리도 참담한 결과를 초래할지는 꿈에도 생각하지 못했습니다. 전 임직원들은 일자리를 잃게 됐고, 저희와 롯데를 믿고 벼를 납품했던 농민들은 화병과 고령으로 5명이나 돌아가셨습니다.
>
> _2018. 5. 17. 김영미 전 가나안당진RPC 대표, 정론관 기자회견 중

건실한 기업이라는 그들의 주장은 사실이었다. 가나안RPC를 설립한 '가나안내추럴'은 심재민 대표와 김영미 대표가 함께 운영하던 중소기업이었다. 쌀 유통, 쌀 가공기계 수입·판매, RPC 기획 등을 하는 기업이었다. 가나안내추럴은 2002년부터 현대백화점과 뉴코아백화점 등에 '쌀 즉석방아 코너'를 운영하며 명품쌀을 판매해 왔다. 연 매

롯데 갑질 피해자들의 기자회견, 안동권 전 대표가 롯데의 불공정 행위에 관한 언론보도를 엮은 자료를 들고 눈물로 호소하고 있다(2018. 5. 17.)

출 규모는 100~250억 원가량이었다고 한다. 롯데상사는 가나안으로부터 월 2,500톤(연간 3만 톤) 규모의 쌀을 구매하겠다는 의사를 밝히며 독점계약을 요구했다고 한다. 그래서 가나안 측은 기존 거래처와 계약을 종료해야 했다.

문제는 롯데상사 측에서 맡기로 한 '공장부지 확보와 건립', '기계 구매' 등 시설투자를 가나안 측에 떠넘기면서 시작됐다는 것이 심재민 대표의 설명이었다. 롯데상사는 "재벌그룹의 쌀 산업 진출에 대한 농민들의 반발"을 이유로 공장 등 시설투자를 가나안 측에서 선부담하고 추후 비용을 보전하겠다는 의사를 밝혀 왔다고 한다. 가나안 측은 '롯데'라는 대기업을 믿었기 때문에 시설투자 비용을 모두 부담했다. 롯데 측에서 일본의 농기계 기업에 공문을 보내 가나안 측이 외상으로 기계를 들여올 수 있도록 도와주기까지 했으니 믿을 수밖에 없었다는 것이다. 그렇게 2005년 9월 충청남도 당진에 '가나안 미곡종합처리장'이 준공됐다.

그런데 롯데상사 측에서 약속을 어겼다고 했다. 당초 월 2,500톤 구매를 약속했으나 계약대로 진행되지 않았다는 것이다. 롯데상사 측이 가나안으로부터 공급받은 쌀 결제 대금은 4억 3,900만 원가량이라고 했다. 애초 약속에 턱없이 부족한 금액이었다. 여기에 초기 설비 투자금 역시 고스란히 빚으로 떠안아야 했다.

가나안RPC를 믿고 거래한 농민들이 2차 피해를 입어야 했다. 김영미 대표는 농가들에 미지급된 벼 수매대금 지급을 위해 자택까지 처분했지만 여전히 미지급금이 남아 있는 상태라고 했다. 가나안RPC는 그렇게 2009년 2월 최종 도산했다. 가나안RPC 측에 따르면, '가나안 미곡종합처리장' 준공으로 인한 토지매입 대금(매매계약서), 공장 건축비(매입 세금계산서), 일본 수입 기계(수입실적 증명), 원재료 사업비용(재무제표), 납품대금 미수금(내용증명), 4년간 계속 사업 예상 소득(기대수익) 등 189억 원가량의 피해를 입은 것으로 집계되었다.

가나안RPC 김영미 대표는 "롯데가 우리 재산 빼앗아 거대한 공룡으로 몸집을 키울 때, 우리들은 벼랑 끝에서 수많은 나날들을 천당과 지옥을 오갔습니다"라며 "부탁드립니다. 이제 그만 우리의 재산을 돌려주세요"라고 호소했다.

롯데상사만 이랬을까

롯데의 다른 계열사들을 상대로 싸우고 있는 이들도 있었다. 2018년 1월 롯데피해자연합회 차원에서 의원실을 찾아와 간담회를 열며 함께하게 됐다. 정의당 중소상공인자영업자위원장으로서 이 문제만큼은 확실히 따져야겠다고 생각했다. '약자의 손을 잡아 줄 수 있는 따뜻한 손길'이 되어 주고 싶었다. "정의당 갑질피해신고센터, 롯데갑질피해는 1544-3182"를 띄웠다.

그러자 얼마 되지 않아 또 다른 롯데그룹 계열사로부터 피해를 입었다는 중소상공인들이 연락하기 시작했다. 롯데자산개발을 상대로는 싸우는 AK인터내셔널이 연락을 해 왔다. 그 외에 롯데건설 하도급 업체, 롯데상사와 계약을 통해 롯데백화점에 납품한 업체, 롯데백화점 입점 업체, 롯데마트 납품업체, 세븐일레븐 가맹점주, 롯데시네마

입주 건물의 건물주 등이 신고센터로 연락해 왔다. 한국 사회 대기업들의 문어발식 경영이 문제되는 만큼 피해 영역도 다양했다.

아하엠텍 안동권 전 대표는 롯데건설로부터 갑질 피해를 당했다고 했다. 롯데건설은 아하엠텍에 낙찰가보다도 낮은 금액으로 계약을 강요했다는 것이다. 수차례 계약서도 없이 추가 공사를 시킨 뒤에는 공사대금을 지급하지도 않았다고.

> "공정위에서 1년 6개월 거쳐 조사한 의결사항으로 심사보고서가 여기에 있습니다. 제가 이 자료를 얻기까지 3년이 넘게 걸려 받았습니다. 심사보고서에 따르면, 롯데 아하엠텍에 미지급 하도급대금 49억 원, 부당한 하도급대금 결정금액 63억 원으로 해서 103억 지체 없이 지급하라는 시정명령을 내린 것으로 확인됩니다. 여기 다 적혀 있습니다. 그럼에도 불구하고 (공정거래위원회) 최종 통보는 롯데에 대한 무혐의 경고조치였습니다."
>
> _2018. 5. 17. 안동권 전 아하엠텍 대표, 정론관 기자회견 중

공정거래위원회가 이 사건을 다루는 과정도 석연치 않았다. 안동권 전 대표는 '로펌을 낀 롯데와 공정거래위원회의 결탁'을 강하게 의심하고 있었다. 합리적인 의심에 가까웠다. 공정위에서 심결이 나오기도 전에 안 전 대표를 안타까워하던 롯데 직원으로부터 "롯데와 공정위는 이미 무혐의 처리하기로 합의 끝났다"는 얘기를 들었으니까.

대기업 롯데와의 싸움은 쉽지 않았을 것이다. 롯데그룹은 막강한 법무팀을 구성할 힘이 있었지만 중소상공인들은 힘들 수밖에 없었다.

롯데 갑질 피해자들은 돈이 있더라도 대형 로펌을 선임할 수 없다고 도 이야기했다. "대형 로펌들은 롯데그룹 관계사와 소송을 한다고 하면 수임을 거부합니다. 롯데가 로펌업계 큰 고객이어서 해당 소송을 수임할 경우 롯데 쪽 사건을 수임할 수 없다고 하더라고요"라고 한숨을 내쉬었다. 결국, 롯데 갑질 피해자들에게 '법'은 기울어진 운동장일 뿐이었던 셈이다. 유사한 진술들은 계속됐다.

> "롯데수퍼가 납품업체들을 상대로 계약서를 위조한 사실을 알고 계십니까. 저는 영등포 청과물 도소매 성선청과를 운영했습니다. 계속되는 적자로 2013년 사업을 정리하는 과정에서 롯데 측이 저하고는 아무 상의 없이 임의대로 최고 25%의 수수료를 차감해 간 사실을 알게 됐습니다. 이 사실을 문제 삼아 롯데 측에 강력하게 항의도 해 봤습니다. 롯데 측은 '잘못된 부분을 바로잡아 주겠다'고 확인서까지 써 주었지만 약속은 지켜지지 않았습니다. 법원은 제 손을 들어 주었으나 손해에 비해 턱없이 부족했습니다. 공정거래위원회에 다시 제소를 하면서 해당 계약서를 보았던 것입니다. 그런데 해당 계약서 어디에도 제 날인을 비롯한 도장 하나 찍혀 있는 게 없습니다. 그럼에도 불구하고 법원과 공정거래위원회는 전부 대기업 롯데 편에 서서… 숨도 제대로 쉬지 못하겠습니다"
>
> _2018. 5. 17. 김정균 전 성선청과 대표, 정론관 기자회견 중

이 밖에도 롯데 사례는 수두룩했다. 롯데마트에 육류를 납품하던 한 중소기업은 2006년 이후 매년 600억 가까운 매출을 올리며 승승장구하고 있었다. 그러던 2012년 7월 롯데마트와 거래를 시작한 이후 점

위 롯데 갑질 피해자들과 김상조 공정거래위원장의 간담회(2018. 10. 23.)

아래 "롯데는 거짓말을 멈추고 문제 해결에 나서라." 또다시 정론관에 함께 선 롯데 갑질 피해자들(2018.
12. 16.)

점 회사가 어려워지더니 현재 법정관리를 받고 있다고 했다. 2014년 '삼겹살데이'에 롯데마트에서는 킬로그램당 9,900원이라는 싼 가격으로 고객들의 눈길을 붙잡았다. 협력업체들의 손실 때문에 가능했다고 한다. 원가에도 미치지 못하는 9,100원에 납품했고, 롯데마트 측에서는 손해를 보전해 준다고 했지만 약속은 지켜지지 못했다고 했다.

내가 일본까지 간 까닭

대기업과 싸우는 일은 쉬운 게 아니다. 10년이 넘도록 싸우는 이들. 을들이 지쳐 쓰러질 때까지 대기업은 꿈쩍도 하지 않는다. 그러니 정치권에서 어떤 형태로든 나서야 하는 게 맞았다. 하지만 그들의 말은 나를 질책하듯 비수를 꽂았다. "그렇게 많은 국회의원들을 찾아갔다. 그런데 그 누구도 정론관을 열어 주지 않았다. 지푸라기라도 잡는 심정으로 정의당의 문을 두드렸던 것"이라는 말. 한국 사회 정치의 민낯을 그대로 보여 주고 있었다.

2018년 5월 17일 정론관에서 열린 기자회견이 울음바다가 됐던 이유. 그들에게는 남다른 의미로 받아들여졌다고 한다. '이것이 원래 정치인들의 일인 것을….' 어쩌면 롯데그룹을 향한 을들의 싸움에 더욱 매진하게 된 말이었는지도 모르겠다. 그렇게 롯데와의 지난한 싸움이 시작됐다. '롯데 갑질로 회사가 망한 뒤 제대로 누워 잠을 잔 적이 없다'는 을들의 말을 외면할 수 없었다. 이것이 당시 내가 느꼈던 감정인 것 같다.

일본 롯데홀딩스 앞. 쓰쿠다 다카유키 대표와 갑질 피해자들의 면담을 촉구하며(2019. 3. 6.)

하지만 롯데는 을들에게만 상대하기 어려운 기업이 아니다. 여당도 아니고 오랫동안 권력을 장악해 왔던 힘 있는 야당도 아닌, '진보'를 표방하는 정의당에게도 힘에 부치기는 마찬가지였다. 롯데그룹 계열사 전반의 문제라는 점에서 무엇보다 기업 총수의 결단이 필요한 상황이었지만 꿈쩍하지 않았다. 국정감사에서 이를 따지려고도 했었다. 그러나 교섭단체 간사들 간의 협의에서 증인 채택이 무산돼 그룹 총수가 아닌 롯데건설 사장만을 부르게 되는 등 제한된 상황에서 국감을 치를 수밖에 없었다. 정의당은 소수 정당이었다. 그리고 교섭단체도 아니었기에 불가피한 상황이었다.

롯데그룹 신동빈 회장에 면담을 요구했지만 받아들여지지 않았다. 롯데 측은 '해외 체류 중일 때가 많다', '현재 소송 중이라 공식적 일정으로 외부 인사를 만나는 건 극도로 자제하고 있다'는 이유로 거부했다. 이 가운데, 한 롯데 계열사는 피해자들이 집회를 했던 걸 근거로 업무방해로 소송을 걸기도 했다. "그럼 할 수 없지. 우린 일본으로 가자."

"롯데 갑질 피해 업체 임직원들과 제가 일본 롯데홀딩스에 갑질 피해 해결을 촉구하기 위해 내일 일본에 갑니다. 제가 롯데피해자연합회 회원들을 만난 것이 지난해 1월이었습니다. 이들이 롯데의 각 계열사들과 거래하면서, 그리고 거래가 중단된 이후 손해배상을 요구하면서 겪은 일들은 우리 사회의 고질적인 갑질경제 구조의 밑바닥에 놓인 중소기업과 자영업자들의 처지를 여실히 보여 주고 있었습니다. (중략) 한국롯데가 문제를 해결할 의지도 능력도 없다고 판단할 수밖에 없습니다. 그래서 이제 한국과 일본 롯데그룹의 지주사 격인 일본롯데홀딩스를 방문해 한국롯데의 갑질 실태를 알리고 피해자 구제와 상생 방안 마련을 촉구하려고 합니다.”

_2019. 3. 5. 추혜선, 정론관 기자회견 중

2019년 3월 6일 아침, 일본행 비행기에 올랐다. 아주 무거운 마음으로…. 피해자들을 위해서라면 지구 끝까지라도 가겠다는 심정이었지만 마음 한 켠에는 조금의 성과라도 남겨야 할 텐데라는 부담이 컸던 게 사실이다.

그리고 오후 2시 일본 프레스센터에서의 기자회견. 결과적으로 우리의 판단이 옳았다. 롯데 갑질 피해자들에게도 자신감을 준 계기가 됐다. 롯데 피해자들은 긴 소송으로 스스로 고사하거나 자포자기하는 경우가 많았다. 그런데 일본까지 건너간 경험은 그들에게 ‘싸울 수 있다’는 의지를 심어 줬다. 피해자 본인들이 서로의 울타리가 되어 주었다. 기업 측에게도 ‘이게 그냥 넘어갈 수 없는 사회적 문제’라는 걸 인지시켰다.

쓰쿠다 공동대표님!

우리 롯데피해자연합회는 롯데그룹 계열사의 갑질 행위로 파산된 기업이 모인 곳입니다. 기나긴 좌절 속에서 극단적인 생각을 안 해 본 회원은 없습니다. 지금까지 우리는 ‘협력업체와 동반 성장을 하겠다’는 롯데의 진정성을 믿고, 롯데에 호소해 왔습니다. 그러나 롯데는 사실 관계를 파악

롯데의 갑질에 관한 언론보도를 엮은 자료는 시간이 갈수록 두꺼워지고 있다. 갑질기업 롯데에 민자역사 사업을 맡겨서는 안 된다(2019. 5. 14.)

해 달라는 피해자의 요청에 답변은커녕 형사소송, 민사소송 등으로 피해 업체를 겁박해 왔습니다.

우리는 한국롯데가 일본롯데보다 20배 정도 급속 성장한 것은 상당수 한국 납품업체 희생과 무관하지 않다고 봅니다. 그 근거로 한국롯데는 공정거래법 위반 신고 건수에서 1위 내지 매년 상위권을 차지하는 불명예를 안고 있으며, 한국의 대기업 중에서는 갑질피해자연합회가 구성되어 공동 대응하고 있는 유일한 재벌기업입니다. 또한 정의당의 '롯데갑질신고센터'에 계속해서 피해 사실이 접수되고 있다는 사실을 간과해서는 안 될 것입니다.

일본롯데홀딩스는 롯데를 자타가 공인하는 일본의 대표 글로벌 기업이라고 소개합니다. 이제는 한국롯데도 진정한 상생 경영을 실행해야 하며 글로벌 기업의 위상에 걸맞은 사회적 책임을 실천으로 옮겨야 합니다. 우리 롯데피해자연합회 일동은 하루속히 완전한 피해보상이 이루어지길 강력히 촉구합니다. 쓰쿠다 공동대표님, 우리의 재산을 돌려주세요!

_ 2019. 3. 6. 김영미 롯데피해자연합회 공동대표, 일본에서 기자회견 중

롯데그룹 차원에서 충분히 해결할 수 있는 문제다. 의지만 있다면 말이다. 삼성전자의 경우, 삼성반도체 공장에서 일하던 노동자들이 백혈병 등 직업병으로 고통받았음에도 불구하고 오랫동안 산업재해를 인정하지 않았었다. 그런데 유족들과 반올림이라는 시민단체에서 끈질기게 사과와 피해보상, 재발방지 대책을 요구했다. 그 후 제3의

조정위원회가 중재안을 마련했고 이를 삼성전자와 유족이 받아들이면서 해결의 실마리를 찾을 수 있었다. 롯데라고 불가능할까.

롯데. 기업 이름이 참 예쁘다. 롯데 신격호 회장이 괴테의 『젊은 베르테르의 슬픔』을 좋아해 등장인물인 샤롯데에서 따온 이름으로 알려져 있다. 샤롯데, 그는 누구인가. 베르테르가 목숨을 버릴 정도로 사랑했던 이의 이름이 아닌가. 그런 롯데에 의해 피해자들은 여전히 많이 힘들어한다. 짧게는 2~3년, 길게는 10년, 버틴 시간이 길기 때문에 그만큼 더 쉽게 해결되지 않을 것이라고 생각들 하신다. 하지만 본인들이 지금 싸워야 미래에 또 다른 피해자가 양산되지 않을 것이라는 공적 의무감이 더 커졌다고들 말씀하신다.

그런 피해자분들의 말씀에 나 스스로를 다독이게 된다. 해결될 때까지 계속 싸워야 한다고 말이다. 그런 사례를 남겨야만 한다고. 대기업을 상대로도 잘 싸울 수 있다는 선례. 그들만의 견고한 성벽에서 벽돌 하나씩을 빼는 그런 마음으로 말이다. 롯데그룹을 향한 싸움은 그 과정이라고 생각한다. 그래서 포기할 수 없다. 소설 『젊은 베르테르의 슬픔』은 비극으로 끝난다. 롯데그룹은 과연 어떤 결말을 맺을까. 사뭇 궁금해진다.

대기업과 일하는 하청업체가
파산하는 이유

"제가 여기 왜 왔는지 아시죠?"

2019년 5월 24일 대우조선해양 옥포조선소를 찾았다. 대우조선해양이라는 이름은 국민들에게 어떻게 기억될까. 세금 먹는 하마(?)가 아닐까. 2015년 대우조선해양은 분식회계 사태와 임원들의 횡령 혐의로 인해 상장 폐지 위기까지 갔지만 살아남았다. 그해 10월 산업은행과 수출입은행을 중심으로 대우조선에 4조 2,000억 원을 지원했기 때문이다. '주식 투자자 보호 및 시장에 미칠 충격 고려'라는 논리가 작동됐다. 그러나 경영정상화는커녕 1년 5개월 만인 2017년 3월, 2조 9,000억 원 한도 안에서 추가 자금이 투입됐다. "추가 지원은 결코 없다"는 정부의 말은 허언이 됐다. 국민들은 의심한다. '이번이 마지막인 것인가.'

위 정의당 공정경제민생본부 발족식 및 대기업 하도급 갑질피해 증언대회(2018. 8. 28.)

아래 좌 갑질피해 증언대회에 참석한 윤범석 전 YL에너지(대우조선해양 협력업체) 대표와 이원태 전 동영코엘스(현대중공업 협력업체) 대표(2018. 8. 28.)

아래 우 대기업 조선3사 갑질격파 결의대회에서 발언 중인 한익길 조선3사하도급갑질피해하청업체대책위원장(2018. 9. 7.)

대우조선해양의 경우, 최근 현대중공업에 매각하는 것을 두고 지역의 우려와 노사 갈등이 커지고 있다. 지금 내가 하고자 하는 이야기는 대우조선해양 회생 문제가 아니다. 조선3사(현대중공업, 대우조선해양, 삼성중공업)의 하도급업체에 대한 갑질 이야기가 그 초점이다.

정의당 공정경제민생본부가 나서다

정의당에 공정경제민생본부가 설치됐다. 공정경제민생본부가 발족하고 본부장으로 취임하면서 처음으로 접한 사건이 바로 조선3사의 갑질 문제였다. 무엇보다 조선3사는 '현대중공업', '대우조선해양', '삼성중공업'이라는 3개 대기업이 포함됐다는 점에서도 중요한 문제였다.

조선3사의 하도급업체들이 당한 사례들을 보고 있노라면, 왜 지금까지 해결되지 않았는지 이해할 수 없는 대목들이 종종 등장했다. 김남주 변호사(조선3사 하도급 갑질피해 하청업체 대책위 고문변호사)의 이야기를 들어 보면 이는 더 명확해진다.

"조선3사의 하도급법 위반 사실에 대해서는 법적 쟁점이 없다고 할 것입니다. 왜냐하면, 공정거래위원회가 지난해 그리고 2017년 두 차례에 걸쳐 대우조선해양에 대해 과징금을 부과하는 등 철저한 조사를 해서 하도급법 위반을 밝혔습니다. 피해 업체들의 주장은 사실로 드러났습니다."

_2019. 3. 15. 김남주 조선3사 하도급 갑질피해 하청업체 대책위 고문변호사, 기자회견 중

공정거래위원회의 결론은 명확했다. 공정위는 '대우조선해양㈜의 불공정하도급거래행위에 대한 건'과 관련해 "「하도급거래 공정화에 관한 법률」 제3조 제1항, 제3조의 4 제1항, 제4조 제2항 제5호에 위반 된다고 판단되어 피심인(대우조선해양 정성립 대표이사)에 대하여 시정명령 및 과징금 납부명령, 검찰 고발 결정을 하였음을 알려 드립니다"라고 협력업체들에게 통지했다.

1. 피심인은 주식회사 성진 등 10개 수급사업자에게 해양플랜트 또는 선박 구성부분품의 제조를 위탁하면서 하도급대금, 위탁내용, 위탁일 및 납품시기 등을 기재한 서면을 수급사업자들이 위탁에 따른 작업을 시작하기 전까지 발급하지 아니하는 것과 같은 행위를 다시 하여서는 아니 된다.

2. 피심인은 수급사업자의 부속협약석에 계약이행보증, 하자보수보증으로 총 계약금액의 10%를 각각 공탁받는 것 이외에 추가로 법인 대표이사로 하여금 연대보증을 서게 하는 규정을 설정하거나 확정도급계약으로 체결하는 외주시공계약서에 추가 작업이 발생하더라도 총 계약금액 3% 이내는 기성을 인정하지 않는 규정을 설정하는 행위를 지체 없이 중단하여야 한다.

3. 피심인은 주식회사 성진 등 15개 수급사업자와 체결하는 제

조위탁 거래의 부속협약서에 계약이행보증, 하자보수보증으로 총 계약금액의 10%를 각각 공탁받는 것 이외에 추가로 법인 대표이사로 하여금 연대보증을 서게 하는 규정을 설정하는 방식으로 수급사업자의 이익을 부당하게 침해하거나 제한하는 계약조건을 설정하는 것과 같은 행위를 다시 하여서는 아니 된다.

4. 피심인은 주식회사 성진 등 25개 수급사업자와 확정도급계약으로 체결하는 제조위탁 거래의 외주시공계약서에 추가 작업이 발생하더라도 총 계약금액 3% 이내는 기성을 인정하지 않는 규정을 설정하는 방식으로 수급사업자의 이익을 부당하게 침해하거나 제한하는 계약조건을 설정하는 것과 같은 행위를 다시 하여서는 아니 된다.

5. 피심인은 주식회사 성진 등 27개 수급사업자와 하도급계약을 체결하면서 본공사 이외의 수정추가공사에 대한 하도급대금을 일방적으로 낮게 결정하는 것과 같은 행위를 다시 하여서는 아니 된다.

2019년 2월 28일
공정거래위원회

공정거래위원회는 2018년 12월 26일 대우조선해양에 107억 9,900만
원의 과징금 부과를 의결했다. 이만큼 확실하게 대우조선해양의 하청
업체에 대한 불공정 행위를 보여 주는 증거가 있을까.

YL에너지 윤범석 대표는 "일한 만큼 금액을 못 주겠으니 나가라는
식으로 통보를 받았다", "대금을 (대우조선해양 측에서) 주고 싶을 때 받았
다"고 증언했다. 그리고 "근본적인 「하도급법」이 개정되지 않는 한 하
청업체의 '갑질' 피해는 피해 갈 수 없다"고 꼬집었다.

> "대우조선해양이 대형 로펌을 선임해서 공정위 결정에 대해 다투겠다
> 고 하는 것은 피해자를 두 번 울리겠다는 그런 힘의 남용, 횡포일 뿐입니
> 다. 공정거래위원회가 현대중공업 등 조선3사에 대해서 직권조사를 실시
> 하면서 대기업들의 조사 방해 행위가 있었다는 보도가 있었습니다. 그 보
> 도에 따라서 공정위는 그 사실을 조사했고, 실제로 그런 방해가 있었다는
> 혐의를 포착했다고 저희는 알고 있습니다. 하지만 공정거래위원회는 아
> 직 그에 대한 처분을 하고 있지 않습니다. 공정거래위원회는 조사 방해 행
> 위에 대해 신속한 처분을 내릴 필요가 있습니다."
> _2019. 3. 15. 김남주 조선3사 하도급 갑질피해 하청업체 대책위 고문변호사, 기자회견 중

대우조선해양의 상황이 바뀐 것은 현대중공업 인수 의사를 밝히면
서부터다. 대우조선해양은 회생의 기회로 받아들일지 모르겠으나, 하
청업체들에게는 이 시기마저도 지나가면 잊힐 존재가 되어 버리는 거
였다. 정말 벼랑 끝. 낭떠러지의 상황이 된 것이다. 피해자들은 모두
한목소리로 "재기의 길을 갈 수 있느냐 갈림길의 상황"이라고 이야기

했다. 2019년 5월 24일 대우조선해양 옥포조선소를 찾은 이유다.

'대화'가 필요했다. 어떤 갈등이든 풀기 위해서는 대화가 필요했다. 하지만 대우조선해양은 하청업체들의 이야기를 들으려 하지 않았다. 국회의원으로서 그 일은 작게나마 할 수 있는 일이었다. 피해자대책위 대표를 특보로 임명해 동행하게 한 까닭이기도 했다. "허심탄회하게 하고 싶은 말 다 하세요."

"대우조선해양 옥포조선소에 다녀왔습니다. 하도급 갑질 피해 업체 대표들과 대우조선해양 노동자들, 그리고 매각반대 농성장에 계신 시민단체 분들도 만났습니다. 대우조선해양이 지역사회에서 얼마나 중요한 위치에 있는지 거제의 풍경과 사람들의 이야기 속에서 저절로 묻어납니다. 대우조선해양 경영진들을 만나 노동자들과 협력업체들의 헌신, 지역 주민들의 애정, 국민 혈세인 공적 자금으로 지켜 온 기업으로서 책임감을 갖고 불공정 행위 피해 업체들과 대화에 나서 달라고 촉구했습니다. 작지만 희망을 낙관할 수 있는 만남이었습니다. 머지않아 피해 업체들이 보상을 받고 많은 하도급 갑질 피해자들이 좀 더 쉽게 구제받을 수 있는 제도 개선으로 이어지길 바랍니다."

_2019. 5. 24. 추혜선, 옥포조선소를 다녀오는 길에(페이스북)

대우조선해양은 지역사회에 크게 기여를 했던 국책기업이나 다름 없었다. 그날 대우조선해양 임직원들을 칭찬한 이유였다. 자유한국당 송희경 의원이 그곳에서 근무한 적이 있었다고 했다. 그는 '없는 살림에 고생한 것을 보면 눈물겹다'고 말했었다. 사실이었다. 대우조선해양은 짧은 시간에 경영을 흑자로 올려놓았다. 그것은 임직원들의 고생이 아니었으면 불가능한 일이었다. 그래서 이야기했다. "정말 고생 많으셨다"고 말이다. 그리고 본격적인 얘기를 시작했다. "칭찬은 여기까지 하고요. 제가 여기 왜 왔는지 아시죠?"

대우조선해양이 큰 성공을 한 것은 혼자서만 일궈 낸 일이 아니다. 그날의 영광은 협력업체 분들도 한 울타리에 있었기 때문에 가능했다. 이날의 '대화'는 주효했다. 협력업체 분들도 한번 섭섭함을 토로하고 나니까 실마리가 풀리는 계기가 됐다. '협력업체들과 피해보상을 위한 협상을 시작하겠다'는 대우조선해양 측의 답을 들을 수 있었다. 오랫동안 고생한 분들이 어느 정도 희망을 갖게 되는 계기였다.

대우조선해양의 태도에 변화가 느껴졌다. 이전까지는 대형 로펌을 선임해 공정위의 결정에 대해 행정소송을 제기해 놓은 터였다. 대우조선해양에서는 산업은행이 반대해 피해보상을 하지 못하고 있다는 말이 새어 나왔고, 산업은행은 대우조선해양에 피해보상을 하라 마라 할 수 없다는 말만 반복하고 있었다. 이제야 조금 숨통이 트였다.

대우조선해양만의 문제는 아니다

이 이야기는 애초에 조선3사에 대한 이야기였다. 대우조선해양뿐 아니라, 현대중공업과 삼성중공업에서도 유사한 일들이 벌어지고 있다는 얘기다. '대기업 조선3사 하도급 갑질피해 하청업체 대책위원

위 "갑질 근절하고 함께 살자." 대기업 조선3사 갑질격파 결의대회에서(2017. 9. 7.)

아래 망치로 깨부수듯 갑질격파!(2017. 9. 7.)

회'가 꾸려진 까닭이기도 했다. '일'은 하는데 늘 '적자'에 허덕이는 삶. 조선3사 협력업체들은 공통적으로 그 같은 일을 겪고 있었다.

대우조선해양을 인수하고자 나선 현대중공업은 더하면 더했지 나은 게 없었다고 한다. 2012년부터 현대중공업 사내 하청업을 하다가 2015년 도산한 경부산업 한익길 대표는 스스로를 "불법 파견 사업자"라고 소개했다. 까닭은 이랬다.

"현대중공업 사내협력사는 도급을 위장한 용역 파견 업체였습니다. 모든 작업은 원청인 현대중공업 생산관리자가 지시하고 관리하고 있으며 작업자들의 근태를 원청에서 관리합니다. 그다음에 사내협력사 작업자들의 출퇴근 현황을 매일 체크하고 감시하고 있습니다. 그러니까 아침 8시 정도에 오늘 특근은 어느 반장들 밑에 있는 작업자들이 하고 이번 주 주말 작업은 '70명이 나와야 된다', '100명이 나와야 된다' 업체당 체크를 해 주고 있습니다. 그다음에 직원의 채용, 승진 등에 원청에서 간섭과 통제를 하고 있습니다."

"도급관계에서 이루어지는 견적서라는 게 저희들 의미와 상관없이 지금 현대중공업에서 저희들한테 캡처를 띄워 보내 주든지 전화 연락으로 공수를 알려 주고 있습니다. 현대중공업 사내협력사의 모든 계약은 선시공 후 계약입니다. 어떤 때는 한 달 일한 것을 그다음 달 5일, 6일… 10일이 월급날인데 16일 정도 되어도 이 계산을 못 할 때가 있습니다, 돈을 안 주기 때문에. 이상으로 지금 저희들이 현대중공업 사내협력사를 하고 있는 일은 도급을 위장한 용역 파견 업체라고 저희들은 주장하고 있습니다."

_2016. 10. 25. 한익길 전 경부산업 대표, 고용노동부 국정감사에서

진짜 묻고 싶다. 이 정도면 경부산업의 진짜 사장은 누구인가. 그런데 고용노동부는 현대중공업에 '불법 파견'은 없다고 이야기를 한다. 조선업은 최종 공정물 완성을 위한 단계적 독립 공정으로 이뤄져 원청업체의 통제가 크지 않은 편이라는 이유다. 이기권 고용노동부장관 또한 국회에 출석해 "조선업은 건설업과 유사하다"며 불법 파견이 아니라는 입장을 밝히기도 했다.

고용노동부의 조사 결과가 그렇게 나올 수밖에 없는 이유 또한 한익길 대표가 증언했다. '고용노동부가 근로감독을 나올 때마다 이런 설문지를 작성하시나요?'라는 질문에 한익길 대표는 "2014년도 설문 조사를 하기 전에 일단은 저희들이 총무를 불러 가지고 모범 답안지 작성을 했다"고 폭로했다. 그리고 고용노동부의 근로자 면담 전에도 사전 교육이 이뤄졌다고 덧붙였다. 그는 "현대중공업은 슈퍼갑"이라며 "사실대로 답안지를 적어 낼 방법은 없다. 왜냐하면 이름을 적으라고 돼 있다. '경부산업 한익길'이라고 적는 것은 법을 위반하고 있음을 자인하는 것이기 때문"이라고 설명했다.

한익길 씨는 앞서 이야기했듯 이제 스스로를 '불법 파견 사업자 사장'이라고 부른다. 그는 2017년 12월 본인을 불법 파견 혐의로 울산지청에 고발했다. 이른바 '셀프 고발.' 만일 불법 파견으로 결론이 나면 한익길 대표 또한 처벌을 피해 가기 어려운 결정이었다. 하지만 그를 그렇게 내몬 것은 현대중공업과 고용노동부였다.

사진캡션임 사진캡션임

"김상조 청와대 정책실장과 신임 공정거래위원장은 조선3사 하도급 갑질행위 피해 업체 문제를 즉시 해결하라!" 전국조선해양 플랜트 하도급 대책위 기자회견(2019. 9. 10.)

비영리독립언론 〈뉴스타파〉 역시 '갑질타파' 기획[2]으로 현대중공업 사건을 심도 있게 다루었다. 현대중공업 사내하청업체인 대한기업 김도협 대표의 사례도 등장한다. 경부산업 한익길 대표와 다를 바 없었다. 2015년 7월 현대중공업에서 사내하청업체를 운영했고 하루에 100명이 넘는 인력을 보냈다. 그런데 3년 만에 빚만 20억 원이라고 했다.

> "3년 만에 20억 원의 부채를 가졌다는 건 말이 안 되죠. 인력회사인데. 누가 봐도 말이 안 되는 거 아닙니까? 제가 뭐 나쁜 짓을 하고 대표로서 다른 짓을 하고, 내 부를 뒤로 축적했다고 하면 제가 이런 자리를 부끄러워서 설 수가 있겠습니까. 제 집뿐만이 아니고 동생 집도 다 (담보) 잡혀 있고요. 제 차가 15년이 넘었습니다. 시동이 꺼질 정도입니다."
>
> _ 2018. 12. 3. 김도협 전 대한기업 대표, 〈뉴스타파〉 인터뷰 중

김도협 대표를 괴롭게 하는 건 단지 '빚'만이 아니었다. 2015년 9월 대한기업 소속 하청 노동자가 현대중공업에서 일하다 추락사하는 일이 벌어졌다. 현대중공업으로부터 유족들과의 모든 협상을 주도했다. 그런데 형사 책임의 몫은 대한기업에 돌아왔다. 해당 사건으로 김도협 대표는 징역 8월에 집행유예 2년형을 선고받았다. 그리고 산재 사망 사건을 처리하는 과정에서 친구였던 총무가 스스로 목숨을 끊는 일이 벌어졌다. "나를 믿고 따라와 준 친구"의 사망은 김도협 대표에게도

---

2) 2018년 12월 3일, 〈뉴스타파〉, 「[갑질타파] 현대중공업① 번개탄과 농약 그리고 '성과급 잔치'」.

큰 충격이었다. 공황장애를 앓기 시작한 것은 그때쯤이라고 했다.

현대중공업에 해상용 배전반을 납품하는 1차 벤더 동영코엘스의 사정 또한 나을 게 없었다. '불량률 제로'로 현대중공업으로부터 '우수협력회사(2015년)'로 선정되었던 동영코엘스는 부산에서 울산으로 공장을 이전한 뒤, 2018년 3월 가동을 멈췄다.

2015년 현대중공업의 배전반 납품업체 선정 입찰이 그 시작이었다. 현대중공업 측은 입찰설명회에서 연간 발주 물량이 750억 원~800억 원 규모가 될 것이라고 설명했다. 그리고 동영코엘스는 813억 원에 입찰했다고 한다. 그 후 받은 한 통의 공문. '구매 목표 금액'에 594억 원이 제시돼 있었다는 게 동영코엘스 이원태 대표의 설명이다. 이 대표는 고민 끝에 626억 원으로 재차 입찰을 했다. 현대중공업의 구매 목표 금액보다 높았던 게 문제가 됐다. 현대중공업은 '20년 넘게 거래해 온 업체에서 이렇게 하면 어떻게 하느냐'라며 협박에 가까운 요청을 받아야 했다고 한다. '울며 겨자 먹기'로 그 협조 요청을 받을 수밖에 없었다는 거다. 528억 원에 낙찰된 것이다. 750억 원~800억 원 규모의 물량을 528억 원만 받고 했으니 동영코엘스가 모든 적자를 감당해야 했다고 한다. 공장 문을 닫을 수밖에 없었던 사정이었다.

일은 하는데 가난해지는 사례, 삼성중공업 하청업체도 피해 갈 길이 없었다. 〈시사저널e〉는 조선업 갑질 핵심으로 지목되는 협력업체와의 '선시공 후계약'을 보여 주는 계약서를 입수[3]해 폭로했다. 삼성중공업의 '프로젝트 SN2089'의 최초 작업은 2016년 3월 28일이었으

---

3) 2018년 12월 18일, 〈시사저널e〉, 「[단독] 삼성重, 협력업체에 '선시공 후계약' 정황」.

여영국 의원과 함께 거제 옥포조선소를 찾았다. 경영진을 만나 불공정 행위 피해 협력업체 문제를 논의하기 전, 조선소의 전시관을 둘러보는 중(2019. 5. 24.)

나 계약서상 계약일자는 2016년 5월 20일이었다. 계약서상 계약 기간은 5월 30일부터 6월 27일로 표기돼 있기도 했다. 「하도급법」 제3조 제1항은 하도급대금 및 위탁 내용, 위탁일 및 납품시기 등을 계약서 면을 작업 시작 전에 발급하도록 규정하고 있다. 법 위반을 피해 갈 수 있도록 계약서를 꾸민 정황이었던 셈이다.

이 밖에 삼성중공업 또한 '설계도면상의 소지 물량과 다르게 계약 체결', '선종/도크별 일률적인 비율에 의한 단가 인하', '도크별 안벽 단가 차등', '특수선 보수 도장 단가 감액', '바닥 도장 물량 감축', '작업 단계 변경에 따른 손실' 등 부당한 하도급대금 결정 및 감액이 주를 이뤘다. 여기에 하도급대금을 미지급하거나 서면 미교부하는 사례도 드러났다.

조선3사, 갑을 관계로도 볼 수 없는 사실상의 '노예계약'

조선3사와 협력업체는 한국 사회에서 논란이 되는 '갑'과 '을'의 관계로도 볼 수 없을 정도였다. 사실상의 노예계약과도 같았다. 그야말로 무법천지. 대기업이라는 이름으로 마음대로 할 수 있었던 것이다.

그 정도도 심했다. 똑같은 일을 하는데 단가가 2,500배 차이가 나기도 했다. 갑에게 100%의 권한이 있는 계약서에 하청업체들이 도장을 찍을 수밖에 없는 구조. 2018년 국정감사를 비롯해 조선3사의 하도급 갑질 문제를 끈질기게 붙잡은 이유이기도 했다. 그 결과, 공정거래위원회 차원에서 직권조사까지 이끌어 냈다. 하지만 과연 달라질 것인가는 의문이다. 대우조선해양은 108억 원의 과징금을 받았음에도 불구하고 공정거래위원회를 상대로 행정소송을 하면서 버티지 않나. 그걸 바꾸지 않으면 안 된다고 생각했다.

이 과정에서 압력도 많이 받을 수밖에 없었다. 조선3사는 언론사에 전화해서 '기사 내리라'고 갑질을 한 것으로 알고 있다. 대기업을 상대로 한 싸움은 늘 힘에 부친다. 카메라에 나오지 않고 기사 한 줄 안 나와도 죽음과 날마다 사투를 벌이고 있는 사람들의 손을 정의당에서 안 잡아 주면 어쩌겠나. 그래서 이야기를 했다. "여러분이 포기하지 않으면 저도 포기하지 않을 것입니다"라고 말이다. 그런 국회의원 한 명쯤은 국회에 있어야 하지 않겠나.

'을'들은 이야기하면 죽습니다

"공갈죄로 들어온 사람을 어찌 국회의원이 면회를 온 것입니까?"

2019년 4월 3일. 대구교도소에 수감되어 있는 부자(父子)의 면회를 갔을 때 교도소 관계자가 조심스럽게 물었다. 그는 매우 의아해했다. 그 부자가 왜 교도소까지 오게 됐는지 걸어가면서 설명을 했더니, 이야기를 다 듣고서는 '어쩐지 이상했다'고 했다.

교도소에서 만난 사람들은 태광공업 경영진이었던 손영태-손정우 부자다. 그들은 태광공업이라는 자동차 부품 생산업체의 회장과 사장이었다. 손영태 회장은 1993년부터 회사 설립 이후 현대자동차 1차 협력사에 부품을 공급해 왔다. 그 기간 협력업체 모임의 회장(2006년 ~2016년 말, 11년간)을 맡았다. 정운찬 전 총리가 동반성장위원장을 하던 시절 중소기업을 대표하는 동반성장위원으로 대기업-중소기업

상생 협력에 목소리를 높였었고, 그런 노력을 인정받아 대통령으로부터 산업포장(산업과 국가 발전에 공로가 인정되는 자에게 수여하는 포장)을 받기도 했다. 그렇게 지역을 대표하는 기업인이었다. 2017년 4월까지는 그랬다. 그러다가 얼마 지나지 않아 부자가 나란히 감옥에 수감되는 상황이 벌어졌다.

"'을'들은 이야기하면 죽습니다"

손영태 회장의 아들인 태광공업 손정우 전 사장은 "현대차 1차 협력업체의 갑질 때문"이라고 설명했다. 자동차 업계의 납품 단가 인하는 오랜 관행이었다. 그런 관행들은 2000년대 중반 이후 더욱 심해졌다는 게 손 사장의 설명이다. 특히, 입찰을 통해 자동차 부품 공급업체로 선정된 뒤에도 '추가 협상'을 통해 낙찰가보다 낮은 금액으로 하도급대금이 결정됐다고 한다. 단가 인하 비율을 일컫는 '약정CR'(Cost Reduction, 단가 인하)이 2009년 2%에서 2010년에는 4.5%까지 올랐고 태광공업의 부도 위기 전후로는 6%까지 올랐다는 설명이 뒤따랐다. 손정우 사장은 매년 6%씩 올랐다고 증언했다. 거래를 하면 할수록 태광공업에는 빚이 쌓일 수밖에 없는 이유였다. 2016년 태광공업은 약 600억 원의 매출을 달성했다. 그러나 적자는 수십 억원으로 늘어났다.

손정우 전 사장은 거래 상대 업체를 공정거래위원회에 신고할 수밖에 없었다. 더 이상 버틸 재간이 없었기 때문이다. 집까지 담보를 잡힌 이후였다. '사업을 접겠다'고 마음먹자 생긴 용기였지만, 그로 인해 감옥에 가게 될 줄은 몰랐다.

손정우 전 사장은 거래를 하던 현대차 1차 협력업체 측에 태광공업을 인수해 직접 운영할 것을 요청했다. 그 업체로서는 안정적으로 부품을 제공받을 수 있다는 면에서 나쁜 조건도 아니었다. 그렇게 손정우 전 사장은 50억 원을 받고 태광공업과 태광정밀(이하 태광)의 주식과 경영권을 모두 넘겼다. 직원들에게 퇴직금이라도 챙겨 주려는 생각이 컸다고 한다. 하지만 손정우 사장에 날아온 것은 '고소장'이었다. '회사가 부도 위기라 부품을 납품할 수 없다'고 했던 게 공갈죄가 됐기 때문이다. 태광을 인수한 기업 측은 '태광이 부품 공급을 중단하겠다고 협박해서 어쩔 수 없이 인수하는 계약을 맺었다'고 주장했고, 검찰과 법원은 그런 주장을 받아들였다. 그렇게 부자는 2019년 설연휴를 하루 앞두고 나란히 구속됐다.

"'을들이 강하게 이야기해야 하고, 아쉬움을 이야기해야 됩니다'라고 하십니다. 그런데 죄송하지만 솔직히 말씀드리면, '을'들은 이야기하면 안 됩니다. '을'들은 이야기하면 죽습니다. 그냥 부도 날 때도 부도 나세요. 저는 너무 억울해 가지고 사실 직원들 퇴직금 마련해 주려고 제 보험금 26억 5,000만 원 때문에 저는 자살까지 생각했습니다. 법정에서는 그게 협박이랍니다. 부디 많은 업체들이 오셨지만 혹시 법적으로 들어가지 않으셨다면 또 상대방이 크다면 법적으로 들어가지 마십시오. 스스로 살 길을 찾으십시오. 검찰에서 저한테 물었습니다. 신문에 제가 한두 번 나온 적이 있습니다. '왜 언론플레이를 하십니까?'라고 합니다. 저희는 뭘 할까요? 김앤장 이길 돈도 없습니다. 대기업 이길 힘도 없습니다. 그

납품을 계속하면 망하고 납품을 중단하면 형사처벌을 받는 현실을 바꿔야 한다. 부도위기의 하청업체 납품 중단 시 형사처벌 금지 입법 청원 기자회견(2019. 2. 26.)

럼 저희는 뭘 할까요? 언론도 못 갑니까?"

_ 2018. 8. 28. 손정우 전 태광공업 대표, 정의당 제1차 대기업 갑질피해 증언대회에서

2019년 1월 31일, 대구고등법원(재판장 박준용)이 태광공업 손영태-손정우 부자에 대해 「특정경제범죄가중처벌법」상 공갈죄로 징역 2년 6개월과 4년 실형을 선고했다. 그렇게 손 부자는 법정 구속됐다. 설 연휴를 하루 앞둔 날이었다. 2019년 5월 10일 대법원은 고등법원의 결정을 그대로 받아들였다. 반면 국민참여재판으로 진행된 1심에서 9명의 배심원 중 공갈죄를 인정한 이는 4명뿐이었다. 그에 비춰 보면, 한국 사회에서 '법'은 어떤 의미일지 물음표를 던지게 하는 판결이었다.

태광공업 손영태-손정우 부자에 대한 대법원 판결을 앞두고 교도소 면회를 갔었다. 그 자리에서 부자는 본인들의 억울하고 어려운 처지에도 불구하고 "'을'들의 피눈물 섞인 외침을 계속 살펴봐 달라"고 당부하셨다. 그 말이 내 가슴에 비수처럼 꽂혔다. 현대자동차 다단계 하도급 갑질 문제에 손을 놓을 수 없는 이유이기도 했다.

그런 생각이 들었다. 현대자동차는 이번 사건과 무관한 것일까. 그렇지 않았다. 세계적으로 자동차 산업의 다단계 하도급과 약정CR 관행은 비슷하다. 그런데 차이가 발생했다. 해외의 경우, 국내외 부품 소재업체와 개방형 조달을 통해 생산하고 있다. 반면, 현대자동차를 비롯한 한국의 대기업들은 수직적-계열사 중심의 전속거래를 고착시키면서 문제가 발생했다는 게 전문가들의 견해였다. 실제 산업연구원에 따르면, 2014년 국내 완성차 7개사의 1차 협력업체는 1,804개였다. 이 가운데 50%에 가까운 업체가 1개사와만 전속적으로 거래하고 있

었던 것으로 드러났다.

현대자동차가 적용하고 있는 이른바 직서열생산방식(JIS, Just In Sequence)은 국내 대기업들이 고수하는 수직계열화나 전속거래와 결합되어 필연적으로 협력업체들을 하도급 갑질에 노출될 수밖에 없도록 하는 생산구조라는 점에서 문제가 심각하다. 김상조 당시 공정거래위원장 역시 인지하고 있던 내용이다.

> "갑을관계 해소 중에서 사실 가장 근본적인 문제가 불공정 하도급거래의 구조를 개혁하는 것이라고 생각을 합니다. 특히 이 부분에 대해 자동차산업에서 여러 위원님들께서 말씀을 하셨는데, 사실은 도요타자동차 경쟁력의 핵심 중 하나가 JIT(지트, Just-In-Time)와 CR인데, 그것이 한국에 들어왔을 때는 외형은 유사할지 모르지만 우리나라 완성차와 부품업체 사이의 전속거래 구조 때문에 효과는 굉장히 다르게 나타날 가능성이 있고요. (중략) 공정위에서는 개별 사건을 따지는 것도 중요하지만 업종별로 거래구조의 전반을 살펴보고 그것을 개선하는 쪽으로 지금 노력을 하고 있습니다."
>
> _ 2018. 10. 15. 김상조 당시 공정거래위원장, 국정감사 중

전에도 같은 일이 있었다… 대진유니텍 송윤섭도 법정 구속

태광공업 손 부자와 같은 사건은 이전에도 이미 있었다. 대진유니텍이 그곳이다. 대진유니텍은 자동차용 공기조절 시스템 생산에 필

요한 쿨링팬, 케이스 등의 공조장치 부품과 자동차 부품 생산에 필요한 금형(자동차 부품을 생산하는 금속 틀)을 생산하는 2차 협력업체로 1986년부터 현대자동차의 1차 협력업체와 거래해 왔다.

태광공업과 대진유니텍, 두 사건은 끔찍하리만큼 닮았다. 현대자동차 1차 협력업체는 대진유니텍 측에 끊임없이 생산 시간을 단축하라며 금형 수정을 강요했다. 또 그에 따라 추가되는 비용은 모두 대진유니텍 측에 부담시켰다. 「하도급법」에서 금지하고 있는 '제조 등의 위탁을 임의로 취소, 변경하는 행위'에 해당됐지만 갑의 요구를 거절하기는 어려웠다.

문제의 현대차 1차 협력업체는 대진유니텍을 포함한 2차 협력업체들에게 수시로 하도급대금 지연 이자를 지급하지 않았다는 이유로 공정거래위원회의 조사를 받던 업체였다. 이 조사로 시정명령과 과징금을 부과받기도 했다. 그런데 공정위 조사 결과를 기다리는 와중에도 대진유니텍에 납품대금을 2억 7,000만 원 낮추라고 강요해 결국 5,000만 원을 깎았다. 숨 돌릴 틈도 없이 추가로 5억 원 감액을 요구했다. 대진유니텍 측이 추가 감액 요구를 거부하자 신규 금형 제작 발주를 금지했다.

대진유니텍 경영자였던 송윤섭 전 대표는 계속되는 하도급대금 후려치기와 물량 축소로 더 이상 사업을 유지하기 어렵다고 판단했다. 이에 거래 중이던 1차 협력업체에 납품 중단을 통보한 뒤 대진유니텍을 적정 가격에 인수하라며 항의했다. 상대 기업은 의외로 순순히 거액의 기업 인수 계약에 동의했다고 했다. 하지만 계약이 성사된 직후 송윤섭 전 대표를 '공갈죄'로 형사 고소했다. 결국 송윤섭 전 대

남편과 아들의 구속에 억울함을 호소하는 어머니. 부도위기의 하청업체 납품 중단 시 형사처벌 금지 입법 청원 기자회견 중(2019. 2. 26.)

표는 재판 도중에 법정 구속됐고, 2019년 3월 14일 대법원 선고로 징역 6년이 확정됐다.

> "현 정부는 기회는 평등하고 과정은 공정하며 결과는 정의로운 사회라는 취임사 아래 출범했습니다. 그리고 국민들의 기대 속에 출범한 김상조 공정거래위원장은 우리 사회가 공정거래위원회에 요구한 것은 하도급 중소기업 등 을의 눈물을 닦아 주는 데에 있다, 공정위 민원을 접수하는 사람들의 사연은 너무나 절박하고 생존이 달려 있는 문제다, 이것은 새 정부의 핵심 공약이라고 취임 일성을 밝힌 바 있습니다. 그러나 기울어진 운동장인 한국 자동차 산업 구조 아래 거래 지위를 남용하여 지속해서 쥐어짜기를 강요하는 1차 협력업체의 갑질에는 애써 눈감으면서 2차 협력업체들의 생존을 위한 처절한 몸부림에 대하여 공갈죄의 가혹한 칼날을 들이대는 판결은 계속되고 있습니다. 마지막으로 공정거래위원회에 구체적 정의 실현을 기대해 보고자 합니다. 구체적 정의는 다수자의 그늘에서 고통을 느끼는 소수자의 자기권리를 스스로 지킬 수 없어 고통받는 사회적 약자의 아픈 마음을 공감하면서 불리하게 기울어진 균형추를 바로 세우는 데 있기 때문입니다. 1차 협력업체의 지속적인 납품단가 후려치기를 중단시키고 2차 협력업사의 눈물을 닦아 주지 않는다면 결국 한국 자동차산업은 위기에서 벗어날 수 없게 될 것입니다."
>
> _2019. 4. 9. 송재민 전 대진유니텍 실장(송윤섭 전 대표 아들), 정론관 기자회견 중

대진유니텍 송윤섭 전 대표는 '공갈죄'와 관련해 "매각 협의를 할 때 현대자동차가 납품 중단 사태가 발생하지 않도록 계약을 빨리 매

듭지으라고 독촉했다"며 "서울 광화문 대형 로펌 사무실에서 계약을 맺을 때에도 현대차 간부가 동석했는데 어떻게 이게 공갈이 되느냐"고 반문했다. 외국 전문가들도 기업 간의 계약을 형사 처벌한다는 것을 납득할 수 없다고 했다.

그런 송윤섭 전 대표의 면회를 다녀왔다. 부인과 아들 송재민 실장도 함께 갔다. 가족과 마주한 송윤섭 전 대표가 눈물을 쏟느라 말을 잇지 못했다. 그는 "새벽밥 먹으며 열심히 일한 죄밖에 없다"고 했다. 또, "중소기업 하면서 부부 동반으로 해외여행 한 번을 못 갔다. 그렇게 열심히 살았는데…"라는 말이 가슴에 박혔다.

문제는 부도가 나도 납품을 해야 하는 시스템

현대자동차의 직서열생산방식은 고스란히 2차 협력업체들의 피해로 돌아왔다. 2018년 현대자동차 1차 협력업체로부터 기습적으로 거래 중단을 당한 천안 소재 2차 협력업체 ㄱ대표가 자살하는 사건이 벌어졌다. ㄱ대표는 1차 협력업체로부터 미운털이 박힌 상황이었다. 결국, 현대자동차의 직서열생산방식과 전속거래구조 아래서 현대자동차 1차 협력업체로부터 거래 중단 통보를 받는다는 것은 곧 기업 도산을 의미한다. 거래를 유지하기 위해서는 적자가 쌓여 가는 걸 뻔히 보면서도 납품대금 후려치기와 무리한 생산 요구를 받아들여야 한다. 태광공업 손정우 전 사장은 국정감사장에서 "JIS에 있어서는 부도가 나도 제품을 공급을 해야 됩니다"라고 강조했었다.

"갑질에 항의했더니 공갈죄라 하고, 법의 도움을 받으려 했더니 김앤장과 싸워야 하고, 언론에 호소했더니 언론플레이 한다고 비난하는데, 우리 '을'들은 도대체 뭘 할 수 있단 말입니까?" 기자회견 도중 피켓에 얼굴을 묻고 우는 현대자동차 2차 협력업체 경영진의 가족 (2019. 2. 26.)

태광공업, 대진유니텍 그리고 또 다른 2, 3차 협력업체들에 가해지는 불공정 행위들. 그에 따른 협력업체들의 줄도산. 그 원인은 현대자동차의 비용 절감을 위한 갑질에서 시작된 것이다.

　　"현대자동차그룹 정의선 총괄 수석부회장에게 한 말씀 드리겠습니다. '한온시스템'을 비롯한 1차 협력업체의 불공정 행위들, 그리고 2차 협력업체 경영진을 감옥에 보내면서까지 저항을 틀어막으려고 하는 것은 모두 현대자동차의 비용 절감을 위한 갑질에서 시작된 것입니다. 신년사에서 자랑스레 언급한 글로벌 Top 5 자동차 업체, 누구의 고혈로 만들어졌습니까? 고통은 분담하고, 이익은 독차지하는 지금의 산업 구조로는 '시장의 판도를 주도하는 게임 체인저'는커녕 시장을 망가뜨리는 '게임 파괴자'로 존재할 뿐입니다. 수십 년간 뿌리 깊게 박힌 자동차 산업의 단계별 갑질 구조, 현대자동차에서 직접 나서지 않으면 절대 바뀔 수 없습니다. 책임 있는 행동을 보여 주기 바랍니다."

_2019. 4. 9. 추혜선, 정론관 기자회견 중

바뀌어야 할 것은 또 있었다. 바로 '법'이 그것이다. 대기업 갑질 피해자들이 '공갈 가해자'로 둔갑되는 악순환이 벌어지고 있었다. 「하도급법」 개정안을 국회에 발의한 이유였다.

법 자체가 문제였다. 불공정한 거래 조건에 항의하며 납품을 중단하면 감옥에 가야 한다니. 악법 중 악법이다. 한국 사회가 수출 위주의 대기업 경제정책을 써 오면서 발생한 부작용이다. 수출이 늦어지면 엄청난 손실이 뒤따르기 때문이다. 그래서 협력업체들이 납품 기일에 맞추도록 강력한 법이 마련된 역사적 맥락이 있었다고 생각된다. 나쁜 점만 있는 건 아니다. 불공정 거래만 없다면 말이다. 그런데 시대가 달라졌다.

대기업은 보다 나은 수익을 얻기 위해 비용 절감이 필요했고 현대자동차는 전속거래구조와 직서열생산방식(JIS)을 도입했다. 그 과정에 다단계 하도급 속에서 '단가 후려치기'가 벌어지게 된 것이다. 결국 산업구조에서 매우 중요한 협력업체들에만 고통이 가중되는 일이 벌어졌던 것이다. 그러나 협력업체들이 망하면 그 산업 자체가 버틸 수 없다. 그때에는 현대자동차만이 아닌 한국 사회 전반적으로 그 폐해가 커질 수밖에 없는 상황이다.

「하도급법」 개정안을 통해 장기간에 걸친 불공정 행위로 인해 협력업체들이 부도나 파산 등 심각한 경영 위기에 처했을 경우 계약상 의무 이행을 중단할 수 있는 선택권을 보장하고, 필요 시 민사상의 책임만 지우도록 한 이유다. 또 원사업자(원청업체)가 수급사업자(하청업체)에게 생산용 금형이나 원자재 등을 특정 업체에서 구매하라고 강요하지 못하도록 하는 조항도 포함했다. 궁극적으로는 하도급 전속거래구조에서 원하청 간의 수평적 거래 관행을 정립하는 것을 입법 목표로 했다.

다행히 헌법재판소가 응답해 주었다. 현대자동차 2차 협력업체 경영진들을 공갈죄로 처벌한 법원의 판단에 대해 '헌법소원 심판 회부' 결정이 내려진 것이다. 헌법재판소에서 다퉈 볼 수 있게 됐다는 의미다. 태광공업과 대진유니텍 사건을 계기로 형사법 전문가들 사이에서도 폐업 위기에 놓인 하청업체가 더 이상의 손실을 막기 위해 납품을 중단하고 보상을 요구한 것에 공갈죄를 적용하는 것이 정의로운가에 대한 의문이 이어지고 있다. "갑질에 항의하면 공갈범이 되어 감옥에 가야 하고, 법을 지키면 회사가 망해야 합니다." 이렇게 말하는 자동차 업계 중소기업인들에게 이제 사회가 답할 차례다. 그들의 선택지는 진정 그것밖에 없는 것인지.

'미국에서 영어로 소명하라'는
또 다른 갑질

"와, 이거 진짜 황당하지 않아요?"

국회 사무실에서 일하고 있는데 한 보좌관이 뉴스 하나를 들고 왔다.「써브웨이 '갑질' 논란… 폐점 통보 뒤 "미국서 영어로 소명하라"」는 연합뉴스 기사. '황당', 그 자체였다.

공정거래위원회에 접수된 사건으로 민원인은 써브웨이 가맹점주였다. 수도권에서 5년째 써브웨이 가맹점을 운영했던 송유경 씨가 갑자기 가맹 해지 통보를 받았다고 했다. 송유경 씨는 가맹 해지 처분을 되돌리려 했으나 쉽지 않았다. 가맹계약서에 따르면, 미국에 있는 써브웨이 분쟁해결센터에서 영어로 해명하고 중재 절차를 밟아야 했기 때문이다. 써브웨이는 송유경 씨에게 11월 12일까지 의견을 내지 않으면 중재 절차가 자동 종료돼 폐점이 확정된다고 통보했다고 한다. '이럴 수가 있는 건가' 싶었다.

송유경 씨가 의원실 문을 두드렸다

송유경 씨 입장에서 방어권이 제한적일 수밖에 없는 상황이었다. 써브웨이는 네덜란드 법을 따르고 있었을 뿐 아니라, 미국에 본사가 있었기 때문이다. 송유경 씨가 방어를 하려면 본사를 직접 상대해야 했다. 문제는 한국 사회가 송유경 씨를 보호할 수 있는 방법이 마땅치 않았다는 점이다. 써브웨이의 갑질은 지금까지 공정위나 사법당국의 조사나 처분을 받은 일도 없었다. 위법 여부를 판단해 볼 만한 어떤 유권해석도 찾을 수 없는 사건이었다.

사람이 억울한 일을 당하면 제일 먼저 찾아가는 곳은 어딜까. 자신을 도울 수 있는 힘 있는 누군가일 것이다. 같은 동네 사람이라면 더 안심할 수 있을 것이다. 송유경 씨가 우리 의원실 문을 두드린 이유였다. 알고 봤더니, 송유경 씨는 평촌에서 써브웨이를 운영했던 것이다. 그 시기 내가 위원장을 맡은 정의당 안양시위원회 차원에서 갑질피해 신고센터를 열었다. 송유경 씨를 만난 건 그때였다.

송유경 씨 사례는 글로벌 프랜차이즈 기업이라는 점에서 새로운 유형의 '갑질'로 볼 수 있어 보였다. 다국적 기업들이 한국에 많이 진출하고 있는 상황에서 선례로 남을 수 있다는 점에서 우려가 컸다. 무엇보다 해당 사건에 뛰어들 수밖에 없었던 이유는 '상식적이지 않다'는 점 때문이다. 미국에 가서 영어로 소명하라는 계약 자체를 이해할 수

안양 써브웨이 평촌학원가점. 가맹본부는 점주에게 폐점 통보를 하고 이의가 있으면 미국의 분쟁해결센터 에서 다투라고 했다.

없었다. 써브웨이는 한국에서 장사를 했고 그로 인해 돈을 벌어들이고 있었다. 그에 상응하는 조치라고 볼 수 없었다.

써브웨이 측은 송유경 씨가 운영하는 가맹점 '해지'와 관련해 나름의 입장을 내놓았다. 써브웨이는 6단계에 걸친 '위생 점검 위반 운영 프로세스'를 운영 중이라고 했다. 해당 프로세스에 따르면, 송유경 씨 가맹점은 2017년 매달 진행된 정기 점검에서 지속적으로 위반 사항을 지적받았고, 일부는 시정되지 않은 채 반복됐다고도 했다. 그런 써브웨이 측의 입장을 들어 보면, 송유경 씨 가맹점은 분명 문제가 있었다. 하지만 눈에 보이는 것이 다는 아니다.

송유경 씨의 주장은 달랐다. 매장이 학원가에 위치해 매출이 높았다. 써브웨이 측의 요청대로 문제가 된 가건물을 철수시켰음에도 불구하고 클레임이 걸려 왔다고 했다. 매일 청소를 해도 영업을 하는 중에 쌓일 수 있는 정도의 먼지를 두고도 잡아냈다는 게 송유경 씨의 설명이다. 처음 송유경 씨는 '왜 그럴까'라고 생각했는데, 나중에서야 속내를 짐작할 수 있게 됐다고 했다. 장사가 잘되니 써브웨이의 영업 관리를 담당하는 협력업체가 직접 운영하려고 송유경 씨를 내쫓고 싶어 했다는 얘기들이 점주들 사이에서 오갔다. 써브웨이가 '위생'을 걸고 넘어지는 방법을 선택한 것이구나, 억울하고 분했다고 했다. 음식을 파는 곳에서 소비자들에게 민감할 수밖에 없었다. 그런 약한 고리는 가맹점주에게 갑질을 휘두르는 데 아주 효용가치가 컸다.

사실 프랜차이즈 가맹점에서는 이 같은 일이 비일비재로 일어나고 있다. 미스터피자 본사의 보복 출점도 그랬다. 2017년 3월 미스터피자 동인천역점을 운영해 오던 이종윤 씨가 스스로 목숨을 끊었던 이유

역시 '갑질'에 있었다. 미스터피자 가맹점을 8년 운영했다던 이씨였다. 미스터피자를 운영하는 MPK그룹 정우현 회장이 경비원을 폭행한 사건으로 불매운동이 벌어졌을 때에도 대신 사과하며 버텼는데, 본사의 갑질은 견딜 수 없었다. 정당한 절차를 통해 미스터피자와의 계약을 해지했던 이씨였다. 그런데 본사의 괴롭힘은 끈질겼다. 미스터피자 본사가 이씨의 가게에서 불과 300미터 떨어진 곳에 직영점을 냈던 것이다. 단지 가게만 낸 것도 아니었다. 피자를 팔 때 돈가스를 공짜로 끼워 주거나 치킨을 1/3 가격에 팔기도 했다. 가게 매출이 급격히 하락할 수밖에 없었다. 특히, 뜻을 함께했던 가맹점주들에게도 갑질은 이어졌다. 누가 이씨를 죽음으로 내몰았는가. 사안은 조금 다르지만 써브웨이 사건 역시 같은 맥락으로 볼 수 있다. 다른 점이 있다면 써브웨이는 글로벌 기업이라는 점이었다.

송유경 씨는 공정거래위원회 산하 한국공정거래조정원에 부당함을 호소하며 조정을 요청했었다. 하지만 써브웨이 측은 미국에서 중재 절차가 진행되고 있다는 이유로 응하지 않고 있다고 호소했다. 정치가 필요한 순간이었다. 마침 2018년 국정감사가 예정돼 있기도 했다.

"5년간 운영된 안양 평촌학원가점인데 여기도 같은 피해로 호소를 하고 있어요. 매출이 최고점을 기록하던 올해 초 갑자기 폐점 조치가 내려졌어요. 그 폐점 이유는 먼지가 있다, 얼룩이 있다, 아주 사소한 정기적인 위생상태 점검이었는데 알고 보니까 기존 평촌학원가점을 폐점시키고요 신규 대형 매장을 해서 매출을 좀 올리고 싶었던 모양입니다. 그런데 이런

본사 계약서에 따라서 분쟁 조정을 하려면 중재 절차를 뉴욕에 가서 모든

과정을 영어로 진행을 해야 됩니다. 그러니까 가맹점주한테 너무나 불리

한 상황이에요. 그래서 국내법 적용 검토하시겠다 하셨는데 적극적인 검

토 부탁드리겠습니다. 그렇게 하시겠지요?"

_2018. 10. 25. 추혜선, 국정감사 중

공정거래위원회 김상조 위원장은 '그렇게 하겠다'고 답했다. 이날 김상조 위원장은 '국내법으로 보호를 해 줘야 하는 게 아니냐'는 물음에 "그렇다"고 답하기도 했다.

"지금 신고가 들어와 있고요. 국제사법의 예외 규정으로서 근로자나

소비자의 보호나 강행규정, 공서양속 등에 위반되는 경우에는 저희 법을

적용할 수 있고 가맹사업법은 거기에 해당된다고 볼 여지가 많기 때문에

저희들이 그 관점에서 검토를 하고 있습니다."

_2018. 10. 25. 김상조 당시 공정거래위원장, 국정감사 중

다행이었다. 송유경 씨가 혼자 발을 동동 구르며 공정거래위원회에 알아봤을 때만 하더라도 막막했던 사건이었다. 그것이 언론을 통해 기사로 드러나고 국회에서 다뤄지면서 상황이 조금씩 달라지고 있었다.

송유경 씨는 오늘도 장사를 하신다

국회에서 일하다 보면 제시간에 밥을 챙겨 먹기란 쉽지 않다. 특히, 안양지역에서 하는 행사들에 참석하고 시민들을 만나다 보면 식사를 못 챙길 때가 많았다. 그런 날은 집으로 돌아가는 길에나 가벼운 먹거리를 찾게 된다. 송유경 씨의 가맹점은 그곳에 있다. 무엇보다 두 딸이 써브웨이 빅 샌드위치를 좋아한다. 아빠 생일날 샌드위치를 선물로 사 가지고 올 정도다. 그런 딸들의 식사를 못 챙겨 줄 때가 있어 샌드위치를 간식으로 사 갈 때도 있다. 그러다 보니 이래저래 송유경 씨 가맹점에 가끔 들르곤 한다.

송유경 씨는 나를 볼 때마다 "의원님 아니었으면 벌써 포기하고 절망했을 것"이라고 말씀하신다. '가맹계약서'에 따르면, 강제 폐점당한 점주는 3년 동안 반경 3마일(5킬로미터) 안에서 동종 업종을 개점하거나 아르바이트조차도 할 수 없도록 규정돼 있다. 결국 송유경 씨 입장에서는 단골손님 등 모든 기반을 그대로 빼앗길 처지였던 셈이다. 그런데 송유경 씨는 오늘도 가게 문을 활짝 열었다. 써브웨이 측에서는 애초 2018년 11월까지 이의제기 및 소명을 하지 않으면 폐점이 확정된다고 했지만 그 같은 극단적인 상황으로 빠지진 않았다. 물론, 사건이 모두 해결된 건 아니다.

"안양 평촌학원가에서 5년간 써브웨이 가맹점 폐점 조치가 미뤄지긴 했어요. 그런데 아직도 분쟁은 지속되고 있습니다. 당시 위원장께서 불공정 행위에 대해서 국내법 적용 여부 적극적으로 검토하시겠다고 답변을

"의원님이 아니었으면 벌써 포기하고 절망했을 것입니다." 추혜선 국회의원 안양사무실에서 써브웨이 가맹
점주와 자료를 보며 대화 중

했어요. 이게 지금 어떻게 되고 있습니까? 좀 서둘러야 될 것 같은데….

분쟁 조정 절차에서 발생한 본사의 조정비용을 납부하라는 압력까지 받고

계십니다. 그래서 시간이 갈수록 피해가 늘어나고 있는 상황인데 이 사건

에 대한 빠른 처리는 물론 이를 계기로 해외 프랜차이즈 기업 갑질에 대해

서 전수조사를 실시하고 개선 조치를, 대책을 마련해 주셨으면 하는 바람

입니다."

_ 2019. 3. 29. 추혜선, 국회 정무위 전체회의에서

"국내법 적용 가능하고요. 국내 가맹사업법을 근거로 해서 저희들이

현장 조사를 했습니다. 지금 조사를 진행하고 있고요. 가능한 한 빨리 결

론을 내리도록 하겠습니다. "

_ 2019. 3. 29. 김상조 당시 공정거래위원장, 국회 정무위원회 전체회의에서

써브웨이 가맹점주 송유경 씨의 사건은 아직 끝난 게 아니다. 송유
경 씨 사건이 이슈화되고 국정감사를 통해 공정거래위원회에서도 관
심을 갖게 되니 써브웨이 측에서도 부담을 가질 수밖에 없을 것이다.
그래서 송유경 씨는 아직은 문을 열고 장사를 하고 있다. 그렇지만 앞
서 설명했듯 폐점이 미뤄졌을 뿐이다. 그럼에도 송유경 씨는 "다시 사
는 것 같다", "버틸 힘이 생겼다"고 늘 말씀하신다. 글로벌 기업 앞에
타국에서 가맹점을 운영하는 점주는 두려울 수밖에 없다. 그런데 서
로서로 힘들이 모여 조력자들이 생겨난 것이다.

대부분 가게를 운영하시는 분들의 이야기를 들어 보면 모든 것들을
쏟아붓는다고 한다. 한국 자영업자들의 다수의 삶이 그러했다. 그걸

잃어버리면 하루아침에 모든 걸 잃는 것과 같다. 송유경 씨는 나에게 감사를 표하지만 정작 희망을 얻은 쪽은 나다. 송유경 씨를 보면서 '정치'에 관해 더 많은 고민을 하게 됐다. '정치의 힘은 다른 게 아니라 절망하는 사람들의 사건을 해결하는 과정에서 다시 살게 일으켜 세우는 것이겠구나'라고 생각한 계기가 됐다.

송유경 씨의 가게가 안양에 있다는 점은 더 큰 의미로 다가왔다. 지역정치의 역할에 대해서도 더 깊은 생각을 하게 됐기 때문이다. '생활 속 정치란 무엇인가'에 대해 말이다. 지역 주민들과 함께 숨 쉬고 있다는 걸 느낄 수 있게 해 준 송유경 씨 사건이었다. 그 후 달라진 점도 있었다. '힘든 일이 있으면 추혜선 의원을 찾아야겠구나'라는 인식들을 하고 계신다는 말을 듣기도 했다. 그래서일까? 최근 '갑질피해신고센터' 현수막을 걸었는데 전화가 북새통을 이룬다.

정치가 우리 사회의 가장 중요한 가치를 제도적으로 보장해 주지 못한다. 그렇지만 그런 가치를 지키는 사람들과 동행한다면 그것 자체가 의미 있는 일이고 출발이 된다는 것은 분명하다. 힘겨운 약자들과 동행하는 것, 그것이 정치의 기본이 아닐까 싶다. 내가 현장을 돌며 얻은 답이었다. 정치란, 사람과 함께하는 것이라는 사실을 말이다.

---

* 이 책을 쓰는 동안 송유경 씨는 써브웨이 본사의 폐점 조치가 정당하다는 미국 분쟁해결센터의 판결을 받았다. 써브웨이 측은 이 판결문을 우리나라 법원에 제출해 집행 신청에 나선다는 방침이다. 공정거래위원회는 써브웨이에 대해 「가맹사업법」 위반 여부를 조사하고 있다.

누가 '호갱'과 '폰팔이'를
만드는가

"보편요금제의 저작권은 정의당에 있습니다."

2017년 5월 문재인 정부가 출범하고 통신정책으로 강하게 내세운 게 '보편요금제'였다. 보편요금제라는 개념을 만들고 골자를 만든 사람은 나였다. 언론개혁시민연대 정책위원장을 역임하면서 아이디어를 가지고 있었고, 정의당에 와서 정책으로 만들었다. 그렇게 만들어진 보편요금제는 19대 대선 당시 정의당 심상정 의원이 공약으로 냈었다. 그런 보편요금제 공약을 문재인 정부에서 받은 것이라는 사실을 먼저 강조하고 싶다. 그 이유는 하나다. '남의 공약 가져갔으면 잘지켜라'라는 당부를 하고 싶어서다. 현재로서는 우려가 크다.

통신비 인하는 어떻게 가능한가

언론운동만 열심히 했는데, 2000년대 들어오면서 방송과 통신이 융합돼 갔다. 정보통신 영역에 대한 공부를 할 수밖에 없었던 시기였다. 그러다 보니 자연스럽게 통신비라는 의제와 만나게 된 것이다.

사실 통신비 인하는 참여연대에서 굉장히 열심히 했던 사업이었다. 2010년 우리나라의 가구당 월평균 통신비 지출이 14만 1,388원으로 OCED 국가에서 최고 수준인 것으로 드러났다. 반면에 SKT와 KT·LGU+는 막대한 수익을 올리고 있었다. 참여연대는 통신3사가 제시하는 통신요금의 구성을 펼쳐 보았다. 2011년 5월 기준으로 '기본요금 1만 2,000원', '음성통화요금 초당 1.8원', '문자메시지 1건당 20원' 등으로 동일한 수준으로 책정돼 있었다. 스마트폰 요금도 3만 5,000원, 4만 5,000원, 5만 5,000원으로 같았다. 특히, 이상한 것은 '기본요금 1만 2,000원'이었다. 투자비용은 이미 충분히 회수했음에도 불구하고 기본요금을 받고 있는 것은 문제라고 생각됐다. 전화 한 통 사용하지 않더라도 1만 2,000원을 내는 건 구조적으로 이상했다. 이동통신사들이 기본료로만 연간 8조 원의 수익을 올리고 있다는 〈한겨레〉의 기사가 나오기도 했다.

참여연대는 방송통신위원회를 상대로 이동통신요금 원가 자료를 전부 공개하라는 내용의 공익 소송을 제기했다. 정부가 '영업상의 비밀'이라며 정보공개청구를 받아들이지 않았기 때문이었다. 한국 사회에서 본격적으로 통신비 인하를 위한 싸움이 시작된 때였다.

이명박 정부는 통신비 문제에서 국민들의 눈치를 보지 않을 수 없

위 "가계통신비 인하는 시급한 과제입니다." 보편요금제 내실화와 통신비 인하 촉구 기자회견(2017. 7. 20.)

아래 ⓒ KBS 똑똑한 소비자 리포트 '이동통신 고가 요금제의 함정'(2018. 4. 6.)

었다. 방송통신위원회와 기획재정부, 공정거래위원회 3개 부처로 구성된 통신비 인하 TF가 구성된 이유이기도 했다. 그런데 정부가 4개월가량 논의 끝에 내놓은 방안은 △ 모듈형 요금제(사용자가 음성·문자·데이터를 조정할 수 있는 방안), △ 블랙리스트 제도 도입(통신사가 아닌 제조사 유통점을 통해 단말기를 살 수 있도록 하는 정책), △ 문자메시지 50건 무료, △ 청소년 및 노인층에 대한 가입비 50% 인하 등으로 국민들의 기대에는 미치지 못하는 수준이었다. 당시 여당으로부터 "미흡하다"는 평가가 내려질 정도였다.

그 후 정부는 고심 끝에 통신비 인하 방안을 발표했다. 내용은 △ SKT 가입자에 대해 기본료 1,000원 인하 및 문자메시지 50건 무료 제공, △ 음성·문자·데이터를 이용자가 자신의 사용량에 맞게 각각 가입하는 스마트폰 선택형(맞춤형) 요금제 마련, △ 음성 소량 이용자를 위해 선불요금 인하(4.8원/1초→4.5원/초), △ 결합 상품에서 초고속 인터넷 요금 인하로 채워졌다. 곧바로 불만의 목소리가 나왔다. '고작 기본료 1,000원 인하인가'라고….

박근혜 정부에서도 '통신비 인하'는 뜨거운 쟁점 중 하나였다. 당시 정부가 내놓은 정책은 '가입비 폐지'였다. 근본적인 요금제에는 손도 대지 못했다. 더불어민주당 최민희 당시 의원은 해당 정책으로 국민들에게 돌아갈 이득은 1인당 월평균 약 280원(연간 약 3,300원)의 요금 인하에 그친다고 혹평했다. 다시 '기본료 폐지' 목소리가 커졌다.

그런 과정을 옆에서 지켜봤었다. 그리고 궁금해졌다. 통신비 인하는 국민들도 굉장히 큰 관심을 가지고 있는 사안이었다. 관련해서 시민사회도 열심히 운동했다. 그런데 고작 '1,000원 인하', '가입비 폐지'

로 귀결되고 있었으니, 더욱 궁금해졌다. '기본료를 폐지하면 실질적으로 국민들에게 이득이 돌아갈까?' 기본료를 없애는 대신 요금의 다른 항목을 높이면 소용이 없다. 그건 정답이 아닌 것 같았다. 통신업체들은 요금제를 설계하려면 엄청난 노하우가 필요하다고 이야기를 한다. 새로운 요금제를 마련하고 홍보할 때마다 소비자들에게 큰 혜택을 주는 것처럼 이야기를 한다. 하지만 사실상 손해를 보지 않고 이윤을 챙겨 가고 있는 게 통신업체들이었다. 이런 악순환을 끊는 게 중요했다.

다시 한 번 통신요금을 뜯어보게 된 까닭이다. 그리고 결론을 얻었다. '요금 항목이나 금액만 얘기하면 통신사업자들에게 계속 휘둘림을 당할 수밖에 없다'는 사실을 말이다.

보편요금제로 가자

시대가 바뀌었다. 그 시간 동안 통신요금제도 많이 바뀌었다. 데이터의 양에 따라 요금제가 결정되고 있다. 우리는 데이터로 무엇을 하는가. 뉴스를 비롯한 정보에 접근을 한다. 메신저를 통해 지인들과 대화를 한다. SNS를 통해 사회와 소통한다. 영화·드라마·스포츠·게임 등 취미생활을 즐기기도 한다. 그런 점들을 다 고려해서 통신비를 봐야 했다. 만일 경제적 차이로 인해 데이터를 사용할 수 없다면 어떻게 될까. '보편요금제'라는 개념을 착안하게 된 질문이었다.

'통신비'는 무엇보다 정보화시대에 차별로 이어질 수 있다는 점에

시민사회단체·소비자단체와 함께, 보편요금제 도입 촉구 기자회견(2018. 1. 3.)

서 살펴봐야 했다. 데이터가 포함된 통신비는 정보 습득의 수단이 된지 오래다. 문제는 그것이 삶의 질을 결정한다는 점이다. 이제 투표도 스마트폰으로 하는 시대가 됐다. 정의당 당직선거만 하더라도 스마트폰으로 투표가 가능하다. 만일 데이터가 없어서 선거 관련 정보를 얻을 수 없다면 어떨까. 데이터가 부족해서 투표를 할 수 없다면 말이다. 그렇게 생각해 보면 아주 간단한 문제가 된다. 데이터는 곧 민주주의 사회에서 내 의사를 표현하는 데 절대적인 기준이 된 것이다. 그것은 경제 여건에 따라 차별이 있어선 안 된다. 왜냐하면 그것은 민주주의도 차별적으로 보장된다는 의미이기 때문이다.

그래서 생각하게 된 것이다. '대한민국 국민이라면 이 정도의 데이터는 보장받아야 한다'는 개념으로 접근하는 게 필요하다고 말이다. 보편요금제의 시작이었다.

'보편요금제'는 국회에 입성하자마자 법안을 준비했었다. 그런데 시민사회뿐 아니라 의원실 내부에서조차도 이해도가 낮았다. 그 당시만 해도 '기본료 폐지' 등이 더 주목받던 때였으니 그랬을 만하다. 그래서 처음 한 것이 '통신비 스터디 모임'을 꾸리는 일이었다. 시민단체들과 통신사 노동자들과 관련 이슈와 통신비 구조 등에 대해 계속 이야기를 했다. 그러다 보니 보편요금제에 대한 공감대가 조금씩 생겨나게 됐고, 거기에서 나온 이야기들이 19대 대선 정의당 심상정 후보의 공약으로 제시됐다. 핵심 내용은 '데이터 2기가 및 음성·문자 무제한 사용 보장의 2만 원 요금'을 이야기했었다. 반응 또한 나쁘지 않았다. "신선하다"는 평가들이 많았다.

그러나 문재인 정부가 제시한 보편요금제는 '2만 원에 음성 200분,

데이터 1GB를 제공하는 요금제'에 불과했다. 데이터 1GB는 국민들이 통신비 인하를 체감하기 어려운 수준이었다. 특히, 통신3사는 이미 음성통화를 무제한 제공하고 있기도 했다. 긴급 기자회견을 연 까닭이었다.

"무제한 데이터 사용자를 제외한 평균 데이터 사용량은 1.8GB입니다. 보편요금제 취지가 정보복지를 국민들의 보편적 복지로 만들자는 것인데, 정부안은 그 취지에 부합하지 못합니다. 보편요금제가 다른 요금제에도 영향을 끼쳐 전반적으로 (통신)요금을 낮추려면 국민들의 눈높이에 맞는 정책이 제시되어야 합니다. (중략) 이미 통신은 우리의 삶의 안전의 필수재가 됐습니다. 세계에서 가장 막강한 통신 인프라를 자랑하는 이 나라에서 대한민국 국민이라면 평균 이상의 서비스를 누구나 차별 없이 받아야 한다는 것이 보편요금제를 도입하려고 했던 그런 명분이고 취지입니다. 그에 걸맞은 통신비 인하 방향이 되어야 할 것입니다."

_2017. 7. 20. 추혜선, 기자회견 중

"보편요금제라면 부가세 포함 2만 원. 음성 무제한, 데이터는 최소한 1.8GB 정도는 되어야 합니다. 실제 평균 데이터 사용량은 5.5GB를 넘어선 지 오래됐습니다. 하지만 통신3사 수익을 무조건 포기하라고 할 수 없기 때문에 '데이터 무제한 요금제'에 가입돼 있지 않은 사람들이 평균 사용하는 데이터 1.8GB 정도는 되어야 한다고 생각합니다. 그래야 스마트폰을 통해서 사랑하고, 소통하고, 노동할 수 있을 것이라고 생각합니다. 오늘 아침에도 국민안전처로부터 다들 문자(폭염 경보)를 받으셨을 것으로

휴대폰 대리점들에 대한 통신사의 갑질은 결국 '폰팔이'와 '호갱'을 만든다. 이동통신 고가 요금제 유도정책 개선 촉구 기자회견(2018. 3. 16.)

압니다. 이제 국민의 안전과도 직결된 정보 또한 스마트폰이 아니면 습득하기 어려운 상황에 놓여 있습니다. 그만큼 통신은 이제 국민들의 '안전', '소통' 등 삶의 생활필수재라는 점을 다시 한 번 강조하고 싶습니다."

_2017. 7. 20. 안진걸 당시 참여연대 협동사무처장, 기자회견 중

2017년 6월 19일 「전기통신사업법」 개정안 발의로 '보편요금제'를 세상에 내놓았다. "이용자에게 전기통신 서비스를 공평하고 저렴하게 제공함으로써 정보격차 해소"를 목표로 미래창조과학부장관이 이용자가 평균적으로 사용하는 음성·데이터·영상 등의 송신 또는 수신을 감안해 전기통신서비스별 요금기준을 고시하도록 했다. 기간통신사업자는 신고하거나 인가받으려는 이용약관에 반드시 해당 요금기준에 부합하는 요금을 1개 이상 포함해야 한다는 내용이다. 그렇다면 국민들이 현재보다는 저렴한 수준의 필수적인 데이터를 제공받을 수 있을 것으로 기대한다.

물론, 저항이 없었던 것은 아니다. 모 통신사업자로부터는 '통신사를 그냥 국가에서 사라'고 항의하는 전화를 받았다. 해외 투자자들이 의원실에 찾아온 적도 있었다. 그들은 '돈 많이 버는 삼성한테나 그런 걸 하라고 해라, 왜 수익도 적은 통신사가 사회공헌 그런 걸 해야 하느냐'라고 해서 발끈했다. 본인들의 수익이 줄어들 수밖에 없기 때문에 심정을 이해 못 할 것도 없다. 그럼에도 그 말을 내뱉으면 안 됐다. 통신사업은 사실상 내수로만 이뤄지는 시장으로 보는 게 옳다. 우리 국민들이 내는 통신요금으로 이익을 내고 그것을 통해 배당을 받아 가는 게 그들이었다. 그렇다면 사회적으로 책임감도 가져야 할 이들 또

한 그들이기 때문이다.

'폰팔이', '호갱' 구조를 바꿔야 보편요금제도 안착 가능해져

'호갱'이라는 말이 있다. '어수룩하여 이용하기 좋은 손님을 낮잡아 이르는 말(우리말샘).' 통신 서비스를 이용할 때 많은 사람들이 '호갱'이 된다고들 이야기한다. 그리고 그 모든 책임은 이른바 유통점 직원들이 짊어지고 있었다. 반대로 소비자들은 판매점 직원들을 낮잡아 '폰 팔이'라고 부른다. '폰팔이'와 '호갱', 뭔가 이상하다는 생각이 들었다. 그 속에 거대 통신사업자들은 빠져 있었기 때문이다. 그들끼리 팔짱을 끼고 을과 을의 싸움을 지켜보고 있는 건 아닌가. 국민들을 '호갱'으로 만드는 데 이통3사들은 아무런 책임도 없는가. 그렇지 않다.

2017년 9월 SK텔레콤 본사가 소비자들의 가입 요금제에 따라 대리점·판매점에 장려금을 차별 지급한 것으로 나타났다. 해당 내용이 담긴 SK텔레콤 영업 정책을 의원실에서 입수해 폭로했었다. 그에 따르면, SK텔레콤 본사는 저가 요금제(2만 9,000원 이하) 유치 비율을 9% 이하로 유지하도록 목표를 설정해 지역영업본부에 하달하고 있었다. 고가 요금제(밴드퍼펙트S 등 7만 5,900원 이상)에 장려금이 집중돼 있기도 했다. 특히 T시그니처80 이상의 고가 요금제 1건을 유치하면 그 실적을 1.3건으로 반영했을 뿐 아니라, 요금제 및 부가 서비스 일정 기간 유지 조건도 본사가 정책적으로 유도하고 있는 것으로 드러났다. 휴대폰 유통점에서 소비자들에 고가의 요금제를 강요할 수밖에 없게 되는 시작이었다. 호갱의 시작.

2017년 국정감사에 증인으로 출석한 KT 회장은 '고가 요금제'와 관련해 "소비자 선택권 제약이나 불법 보조금이 되지 않도록 철저하게 관리 감독을 앞으로 더 강화하겠다"고 약속했다. LG유플러스 대표이사 또한 "고가 요금제에 대해 높은 수수료를 주는 것은 당연한 상도의 (商道義)상 마땅하다고 생각한다. 다만 그것이 소비자들한테 불이익이 가지 않도록 조치하는 것은 저희가 책임지고 하겠다"고 답했다. 하지만 그 약속은 지켜지지 않았다. 내가 2018년 3월 국회 정론관에 다시 선 이유였다.

이날 기자회견에서 노충관 전국이동통신유통협회 사무총장은 KT를 지목해 "수납기준 저가 요금제 4%, 고가 요금제 8%로 관리수수료 체계 변경을 했다"며 "그러다 보니 차이가 2배나 되기 때문에 현장에서는 이 차액을 메우려면 고가 요금제를 소비자들에게 강매할 수밖에 없는 현실이고, 각종 부가 서비스 유치도 할 수밖에 없는 상황"이라고 토로했다.

"국정감사가 지난 다음에도 고가 요금제 유도 정책이 이렇게 슬며시 나오는 것은 아직도 전 국민을 호갱으로 만드는 처사입니다. 당시 국감에서 출석했던 통신사의 CEO들은 모두 이용자 선택권 제한의 문제를 개선하겠다고 답변했습니다. 그러나 지금까지도 고가 요금제 유도 현상은 이렇게 지속되고 있습니다. 지난 3월 KT는 6.15%로 통일해 제공됐던 수수료를 3만 원대 저가 요금에는 4.15%를 적용하고 7만 원 이상의 고가 요금제는 8.15%를 적용했습니다. SK텔레콤 역시 고가 요금제에는 8%를 적용하고, 5만 원 미만 구간에서는 6%로 차별적으로 적용하고 있는 것입니다. 이런 상황에서 판매 대리점들이 저가 요금제를 판매하려고 하겠습니까. 결국 현장에서 소비자는 또다시 선택권을 제한받게 되는 것입니다. 이렇게 고가 요금제 유도 정책이 계속된다면 보편요금제가 도입된다 해도 대리점에서는 판매를 꺼릴 것이고 결국 통신비 인하 정책은 효과를 거두지 못할 것입니다. 이동통신 사업자들은 겉으로는 요금제 개편하며 통신비 인하에 협조하는 척하지만 뒤에서는 또 국민들 뒤통수를 치고 있습니다."

_2018. 3. 16. 추혜선, 기자회견 중

참여연대 안진걸 시민위원장은 "통신비를 인하할 것처럼 내놓은 방안들이 실제로는 인상 방안"이라면서 "그것도 모자라 뒤에서는 고가 요금제를 유도하는 치밀한 행위를 하고 있었다. 통신3사의 독과점과 횡포, 탐욕의 끝은 대체 어디인지…"라고 꼬집었다.

통신사들만의 문제도 아니었다. 휴대폰 제조업체들의 '갑질 행태'도 그대로 드러나고 있었다. 새로운 단말기를 출시할 때마다 전시 및 고객 체험 전용 단말기의 구입비용과 전시비용 일체를 대리점에 부담시키고, 심지어는 대리점이 구매한 시연폰(데모폰)의 판매를 신규 모델이 출시되는 1년 이후에 가능하도록 제약을 둔 제조사도 있었다.

2017년 국정감사에서 더불어민주당 박홍근 의원은 "우리나라의 스마트폰 가격을 삼성이 결정하는 거나 다를 바 없는 상황"이라고 발언했다. 제조사가 고가 프리미엄 스마트폰을 판매하고, 이통사들은 요금제에 따른 장려금 차등 지급 정책을 펴고, 그 결과가 유통점들이 소비자에게 고가 요금제를 강매하게 되는 구조를 낳고 있다는 말이었다. 결국 소비자가 호갱이 되어야만 유통점들이 먹고살 수 있는 구조였다는 얘기다. 또 그래서 유통점 직원들이 '폰팔이'라고 불리는 이유이기도 했다. 이런 구조라면 아무리 '보편요금제'가 출시된다고 해도 활성화될 리 만무하다.

한국 사회에서 보편요금제가 안착되려면 제조사 및 통신사들의 갑질 횡포라는 구조의 문제부터 개선하지 않으면 안 되는 사안이 돼 버렸다. 특히, 소비자들과의 일선에서 접촉하는 유통점 직원들이 안정적으로 먹고살 수 있고 국민들에게 좋은 요금제를 선택할 수 있도록 하는 구조를 만들어야 했다. 통신생태계 전반을 살펴야 했던 것이다. 그런데 국회에서 통신비 논의는 멈춰 서 있다. 그리고 내 속은 타들어 간다.

대기업 갑질 피해자들, '을'들의
연대를 위하여

"저… 롯데만 얘기해야 하는 건가요?"

정의당 공정경제민생본부장을 맡으며 가장 먼저 떠오른 생각이었다. 당시 한국 사회는 대한항공 조현민 전무의 '물컵 갑질'이 화제가 되고 있었다. 그렇듯 을들에 대한 갑질은 국민적 공분을 샀다.

그 시기 정의당에는 롯데 계열사들로부터 갑질 피해를 당한 사람들의 신고가 이어졌다. 고민이 컸다. '이분들을 외롭게 하면 안 되는데….' 을과 을들의 연대를 만들어 보기로 결정한 이유였다. 그렇게 시작된 것이 '갑질피해 증언대회'다. 누군가는 그들에게 피해를 말할 기회를 마련해 줘야 한다고 생각했다. 아이러니한 조합이기도 했다. 국회에서 가장 '을'인 정의당과 '을'들의 만남. 어쩌면 그렇기에 가능했던 일이라는 생각이 들었다. 을의 입장을 가장 잘 알 수 있는 위치이기 때문이다. 그 시작이 꼬리에 꼬리를 물기 시작했다. 롯데그룹 계열사들의 갑질에 대한 기자회견이 끝나자 울린 전화들. "저 롯데만 얘기해야 하는 건가요?" 정의당에서 롯데를 시작으로 대기업들의 갑질 피해 사례를 신고받고, 증언대회가 본격적으로 시작되었다.

'을'은 철저하게 '을'

'을'이라는 것은 상대적인 개념이다. 어떤 한 사람이 누군가에게는 '갑'일지 모르지만 또 다른 누군가에는 '을'일 수 있는 것. 그렇게 따지다 보면, 한국 사회 대다수가 '을'의 위치에 놓일 수밖에 없다. 그런 한국 사회를 지탱하는 힘은 결국 '을'에게서 나온다고 생각했다. 그런데 그 을들의 처지는 나아지지 않았다. 갑으로부터는 철저하게 당하는 위치에 놓여 있었지만 그들을 보호할 수 있는 법, 제도는 그대로였다. 문제는 그들은 말할 기회도 공정하게 주어지지 않았다는 점이었다.

'언론'은 을들에게 공정하게 지면과 방송을 할애하지 않는 대표적 집단 중 하나다. 대기업으로부터 피해를 받은 '을'들은 언론에서도 보기 어려운 게 현실이다. 한국방송광고진흥공사에 따르면, 삼성전자 등 10대 광고주가 방송광고에서 차지하는 비중이 24.4%(2014년 기준)에 달하는 것으로 나타났다. 당시 10대 광고주에는 삼성전자, LG유플러스, KT, 현대자동차, SK텔레콤, LG전자, 동서식품, 기아자동차, 애플

위 공정경제민생본부 발족식과 함께 개최한 갑질피해 증언대회(2018. 8. 28.)

아래 "언론이 꾸준히 '을'들에게 지면과 방송을 할애했다면 어땠을까?" 1차 갑질피해 증언대회의 취재 열기

(2018. 8. 28.)

코리아 유한회사, 농심 등[4]이 포함됐다. 과연 언론들이 10대 광고주들에 불리한 기사들을 내놓을 수 있을까. 10대 광고주뿐만이 아니다. '롯데', '조선3사(삼성중공업·현대중공업·대우조선해양)', '현대자동차'라는 대기업을 상대로 싸우는 분들이 존경스러운 이유다.

'언론'보도는 철저히 갑들에게 맞춰지기 마련이다. 삼성전자 직업병 피해로 오랜 동안 싸움을 해야 했던 고 황유미 씨 아버님 황상기 씨는 한 언론매체와의 인터뷰에서 언론매체들의 보도를 두고 "귀가 막히고 코가 막힌다"고 표현하셨다.

> "조정위원회에서 재발 방지를 위한 합의 서명을 위해 3주체가 다 모였다. 삼성 측과 가족대책위 그리고 우리 반올림. 삼성에서 언론플레이를 많이 했기 때문에 이번 재해예방대책에(만) 합의한 것을 두고 '최종합의'라고 써먹을 것이 예측됐었다. 그리고 보수 언론과 경제지에서 대대적인 선전을 할 것이라고 생각해 삼성에서 나온 협상단 대표와 악수를 하지 않았다. 악수를 하는 장면이 사진으로 찍히면 그만큼 써먹을 좋은 그림이 어디 있겠나. 좋은 그림을 만들어 줄 수 없어 악수를 거부했던 것이다. 아니나 다를까, 농성장에 돌아와서 보니 삼성에서는 보상과 사과는 아직 합의되지 못하고 있음에도 불구하고 완전한 합의라고 기사가 뜨기 시작했다. 귀가 막히고 코가 막히는 상황이었다."
>
> _2016. 2. 6. 황상기 반올림 대표(고 황유미 씨 아버지), 미디어스 인터뷰

---

4) 2014년 10월 26일, 〈미디어스〉, 「삼성 없인 못 살아! 방송광고 재벌 의존도 '심각'」.

당시 대다수 언론매체들은 '최종 타결'이라고 보도했었다. 삼성전자와 피해자들 간의 최종 합의는 '삼성전자 반도체 등 사업장에서의 백혈병 등 질환 발병과 관련한 문제 해결을 위한 조정위원회'가 도출한 중재안을 삼성전자와 반올림이 받으면서 마무리됐다. 그때가 2018년 11월 23일(협약식)이었다.

반올림 임자운 변호사는 "삼성과의 교섭이 열리면 삼성 출입기자들이 기사를 쓰기 시작한다"며 "그러면 삼성이 뿌린 보도자료가 토대가 될 수밖에 없다"고 토로했다. 그는 "저희도 황당한 게 '황상기 님이 누구시냐, 활동가시냐'라고 물어본다. 답답하다"[5]고 덧붙였다. 언론사 기자들이 얼마나 기업들과 유착돼 있는지 단적으로 보여 주는 사례다. 그렇다. 삼성은 언론에 가장 많은 광고를 주는 기업이었다.

정의당을 찾아온 대기업 갑질 피해자들의 상황도 다르지 않았다. 가장 뼈아팠던 언론 보도는 현대자동차에 납품하던 태광공업 손영태-손정우 부자가 '공갈죄'로 감옥에 간 사건에 대한 보도였다. 〈스페셜경제〉는 태광공업을 향해 '을질'이라고 이야기했다.

"갑질보다 무서운 을질"이라는 키워드가 요즘 유행이다. 갑과 을이라는 구도는 태생적인 의미 자체가 갑은 악이고 을은 선이라는 뜻을 내포한다. 그러다 보니 갑은 항상 규탄의 대상이 되면서 '갑은 뭘 해도 나쁜 놈이고 을은 뭘 해도 피해자'라는 인식이 우리 사회에 뿌리 깊게 박혔다. 문제

---

5) 2016년 2월 6일, 〈미디어스〉,「반올림 입장이 삼성 통해 나온다… 기자는 '취재해서 썼다'고 생각하겠죠?」.

는 이 같은 갑의 약점을 알게 된 일부 을들이 역으로 이를 악용해 갑에게
역으로 갑질을 하는 이른바 '을질'이라는 신종 갑질 행태가 등장했다는 것
이다. 특히 잘못을 저지른 을들이 자신들은 피해자라고 주장하며 법의 준
엄한 심판에도 면죄부를 받아야 한다고 호소하는 지경에 이르렀다. 현대
자동차의 2차 하도급업체인 태광공업의 을질이 대표적인 예다.

_2019. 5. 12. 〈스페셜경제〉 보도[6]

〈스페셜경제〉만의 일도 아니다. 〈에너지경제〉, 〈EBN〉 등도 '을질'
이라고 강조점을 뒀다. 〈뉴스웨이〉는 손 부자가 흘린 눈물을 두고 '악
어의 눈물'이라고 일갈했다. 다시 한 번 강조하지만 갑과 을은 상대적
인 개념이다. 그 '을'이 다른 누군가에게는 '갑'이 되기도 한다. 그런데
''현대자동차-1차 협력업체-태광공업'이라는 권력구도를 보지 않고
'을질'이라고 하는 게 온당한가는 별도의 문제로 보아야 한다.

롯데, 조선3사, 현대자동차를 상대로 싸운다고 해서 그들이 모두
'선'은 아닌 걸 알고 있다. 실제 대기업을 상대로 싸우는 하청기업 소
속 노동자들로부터 항의를 받은 적도 있었다. 정의당이 돕고 있는 하
청업체 중 몇몇 곳은 노동자들에게 갑질을 하는 '악덕 사업주'라는 이
유였다. 그렇다고 잡았던 손을 놓는 게 옳으냐. 그건 아니라고 생각했
다. 구조를 깨는 게 중요하다. 갑은 을에게 갑질을 하고, 을은 또 다른
누군가에게 갑이 되는 구조 말이다. 그래서 궁극적으로 서로 동등한
입장에 서는 것이 중요하다.

---

6) 「'을질에 고개 숙인 갑'… "'태광공업'을 이니까 법이고 뭐고 면죄부 줘야?"」.

그럼에도 불구하고 노동자들로부터 항의를 받는 대기업 갑질 피해 하청업체 사장님들에게는 꼭 말하고 싶다. "좋은 사용자가 되어 달라", "대기업 '갑질'에 질린 만큼 또 다른 누군가에게는 그렇게 하지 말아 달라"고 말이다. 노사 간 좋은 모델을 만들어 갑이 주도하는 경제를 타파하고 상생하도록 해 달라고 당부드리고 싶다. 아마도 그것이 정말 정의당이 역할이 아닐까 싶다. 손을 놓는 게 아니라, 그들의 손을 연결해 주는 것….

또 다른 적은 '법'

공정하지 못한 두 번째는 '법'이다. 1차 갑질피해 증언대회를 하는데 김앤장 변호사들이 온 적이 있었다. 조선3사와 현대자동차 건의 갑질 피해자들이 와 있었는데, , 너무나도 놀랐다. 갑질 가해 기업들의 뒤를 봐주는 법률사무소였다. 그런 김앤장 변호사들은 본인들의 의뢰인을 위해 갑질 피해자들을 공갈 가해자로 내모는 역할을 하고 있던 때이기도 했다. 증언대회에서 나온 발언들 또한 어떻게 법정에서 역이용될지 모르는 상황이었다. '나가 달라'고 요청을 한 까닭이다.

우리나라는 안타깝게도 갑질 피해자들을 구제하기 위한 법제도가 제대로 마련돼 있지 못하다. 이들이 대기업들로부터 갑질을 당하고도 법적으로 구제받기 어려운 상황이 유사하게 발견되고 있는 현상 중 하나였다.

대기업 측에서 갑자기 물량을 배정을 안 해 주는 등의 '갑질'을 부

손정우 전 태광공업 사장(왼쪽에서 두 번째)은 법도, 정부도, 언론도 '을'의 편이 아니라고 토로했다(2018. 2. 28.)

린다면 어떻게 해야 할까. 공정거래위원회에 신고를 하면 된다고 생각할지 모르겠다. 어쩌면 가장 순리적으로 문제를 푸는 방법이다. 그런데 이분들은 '을'이기 때문에 그렇지 못했다. 대부분의 을들은 일단 기다린다. 말을 못한다. 추가 불이익이 있을지도 모르니까. 그러다가 아주 조심스럽게 얘기를 꺼낸다. 그러면 그쪽에서는 '알아보겠다'고 돌려보낸다. 갑의 위치에서는 그냥 원론적인 대응일 뿐이지만 지푸라기라도 잡고 싶은 을들은 또 기다린다. 그럼에도 해결되지 않으면 조금은 거칠게 항의를 한다. 그러면 대기업들은 협박을 하기 시작한다. '너 그러고도 우리 일 계속할 수 있을 것 같아?'라고 말이다. 그럼 을들을 또다시 기다린다. 그러다가 더 이상 버틸 수 없는 상황이 되면 그제야 '감사실' 등에 탄원을 보내는 등의 행동으로 나선다. 그러면 대기업들은 한결같이 말한다. "법대로 해라."

대기업의 행태에 기가 막힌 '을'은 공정거래위원회에 신고를 한다. 그런데 문제는 이미 시효가 지났을 때가 많다는 점이다. 근본적으로 문제가 된 '물량을 끊는 등의 갑질'에 대해서는 구제할 방법이 없어지는 거다. 안타깝지만 나를 찾아오시는 분들 중 많은 분들이 같은 처지에 놓여 있었다. 정의당 대기업 갑질피해 증언대회에서도 '법은 멀다'는 것이 그대로 드러났다.

아하엠텍 안동권 전 대표는 "롯데그룹의 갑질은 이길 수 없는 게임의 법칙"이라고 말했다.

"롯데그룹 갑질 횡포에 대해 왜 법으로 안 하느냐고 묻습니다. 저희들도 법·제도권 안에서 대기업과 (공정하게) 거래할 수 있었다면 이 자리에 설

이유는 없었을 것입니다. 롯데그룹 신동빈 회장은 회사에서 온갖 불법 행위를 해서 법정에 서고 있습니다. 그 과정에서 내로라하는 대형 로펌이 그들을 변론하는 과정 또한 모두가 지켜보았습니다. 중소상공인 롯데그룹 하도급 사건은 더 심각합니다. 롯데그룹은 각 사별로 막강한 법률팀을 꾸리고 있습니다. 거기에 전관예우라는 이름으로 많은 돈을 들여 관련 사건들을 맡기고 있습니다. 법적으로 우리들과 비교도 할 수 없는 우월적 지위를 가지고 있는 셈입니다. 반면, 우리는 롯데그룹을 상대하기 위해 무리를 해서라도 대형 로펌에 사건을 의뢰하려고 해도 사실상 불가능합니다. 수임을 거부당하기 때문입니다. 이것이 우리의 현실입니다. 처음부터 법적으로 우리가 이길 수 있는 방법은 없는 것입니다"

_2018. 5. 17. 안동권 전 아하엠텍 대표, 정론관 기자회견 중

조선3사 대응에서도 법의 한계는 여실히 드러났다. 대우조선해양은 사내 하도급 업체에 해양플랜트와 선박 제조를 위탁하면서 하도급대금, 위탁내용, 위탁일 및 납품시기 등을 기재한 서면을 수급사업자들이 위탁에 따른 작업을 시작하기 전까지 발급하지 않는 등 「하도급법」을 위반해 공정거래위원회로부터 시정명령 및 108억 원의 과징금을 부과받았다. 그 과정에서 하도급대금을 일방적으로 낮게 책정하는 일도 벌어졌다. 대우조선해양 측의 명백한 법 위반 사례였다. 그럼에도 불구하고 대우조선해양은 이에 불복해 행정소송을 제기했다. 그냥 버티는 거였다. 그럼에도 을은 손쓸 방법이 없다.

지금은 구속돼 감옥에 있는 손정우 태광공업 전 사장도 1차 갑질피해 증언대회에 나와 자신의 처절한 경험을 증언했다. 손정우 씨의 "혹

"정말 더 절실하다고 생각되면 보이는 곳이 정의당이더라고요." 제5차 갑질피해 증언대회에서(2019. 5. 28.)

시, 법적으로 들어가지 않으셨다면 들어가지 마십시오", "부도 나세요"라는 발언에 증언대회 많은 참가자들이 함께 눈물을 흘렸다. 서로 아는 처지이기 때문이었다.

> "그냥 부도 날 때도 부도 나세요. 저는 너무 억울해 가지고 사실 직원들 퇴직금 마련해 주려고 제 보험금 26억 5,000만 원 때문에 저는 자살까지 생각했습니다. 법정에서는 그게 협박이랍니다. 부디 많은 업체들이 오셨지만 혹시 법적으로 들어가지 않으셨다면 또 상대방이 크다면 법적으로 들어가지 마십시오. 스스로 살 길을 찾으십시오."
>
> _2018. 8. 28. 손정우 전 태광공업 대표, 정의당 제1차 대기업 갑질피해 증언대회에서

써브웨이 가맹점주가 일방적으로 가맹 해지를 통보받았음에도 불구하고 사건이 이슈화되기 전까지는 어디 호소할 곳이 없었다. 국내법으로 보호를 받을 수 있을지조차 가늠하기 어려운 상황이었다.

문제는 피해자들이다. 그들은 구제할 수 있는 제도가 없다. 법 개정은 지난하고 멀다. 이런 상황이라면 피해자들은 그냥 죽으라는 말밖에 안 된다. 그래서 피해자가 살 수 있는 방법으로 접근하려고 노력했다. 국회의원으로서 그들을 살게 하려면 무엇을 해야 하는가. 그렇게 생각하다가 '증언대회'의 필요성이 떠올랐다. '억울한 사람들에게 말이라도 하게 해 줘야겠다.'

대기업 갑질 피해받으셨어요?

국회 '소수' 정당이라고 하더라도 대기업 갑질 피해자 개개인이 싸우는 것보다는 낫겠지…. 언론의 생리상 개인들의 투쟁은 눈길조차 주지 않지만, 국회의원이 뭐라도 한마디 하면 고개라도 돌아보겠지…. 일반 국민들의 민원은 간단히 무시할 수 있더라도 국회의 자료 요청 공문은 무시할 수만은 없겠지…. 딱, 이런 마음이었다.

대기업 갑질 피해자들과 대화를 하면서 가장 필요한 건 시끄럽게 만드는 일이었다. 그리고 그 시작은 본인들의 피해를 이야기할 수 있는 장이 필요하다는 것. 증언대회였다.

그 후 대기업 갑질 피해자들과 관련해 악의적인 기사들도 나왔지만, 주목하는 언론들이 생겨났다. 대기업 갑질 피해자 증언대회에는 공정거래위원회 김상조 위원장이 자리하기도 했었다. 다소 불편한 자리일 수도 있었을 것이다. 그럼에도 불구하고 흔쾌히 함께해 주셨다. 이런 자리에서는 '바쁘다'는 핑계로 잠시 앉아만 있다가 가시는 분들도 많다. 하지만 김상조 위원장은 두 시간이 훌쩍 넘도록 피해자들의 말을 경청해 주셨다. 그 점은 매우 감사하게 생각하고 있다.

증언대회가 이어지면서 어느 날 궁금한 점이 생겼다. '근데, 왜 정의당이었을까'라는 질문. 그래서 대기업 갑질 피해자에게 여쭤 보았다. 그분의 답은 이랬다. "정부 부처를 움직이고 기업을 압박하는 데에는 더불어민주당이 더 힘이 있겠죠. 그런데 정말 더 절실하다고 생각되면 보이는 곳이 정의당이더라고요. 여당은 아무래도 정부 부처와 기업을 상대하는 데에서 정치적 부담을 더 생각하는 것 같더라"라고 말

'을'들의 발언창구, 갑질피해 증언대회는 계속된다. 제4차 갑질피해 증언대회에서(2019. 3. 13.)

이다. 정의당은 분명 힘이 약한 당이다. 그걸 알면서도 절박한 심정 하나로 소수 정의당의 문을 두드렸다는 말이었다.

대기업 갑질피해 증언대회를 하면서 주변에서 '많은 성과를 남겼다'는 말을 듣기도 한다. 정의당과 중소기업·자영업자들과의 거리를 좁히게 되는 과정은 평가할 지점이 많다고 생각된다. 그런데 개인적으로는 '많은 숙제를 남겼다'라는 말이 맞는다고 본다. 증언자들의 피해는 아직 해결된 게 거의 없다. 현재 진행형이다. 오늘도 열심히 숙제를 하는 이유다.

가나안RPC 심재민 전 대표를 만나다

Q 롯데그룹과 어떻게 일하게 됐고 상대로 싸우게 됐는지 설명해 달라.

심재민 김영미 대표와 '좋은 품질의 쌀을 생산해 유통하자'고 만나게 됐었습니다. 쌀에 대해 많은 이야기를 나눴어요. 아무리 농부가 좋은 종자를 가지고 좋은 토양에서 농사를 지어도 건조-저장-도정을 잘못하면 밥의 맛이 없어진다는 것을 너무나도 잘 알고 있었죠. 그래서 사람의 체온보다 조금 높은 원적외선을 통해 수분을 그대로 유지하면서 벼를 건조하는 시스템을 생각해 냈습니다. 더디게 말리더라도 최상의 밥 맛을 구현하기 위한 것이었습니다. 도정하고 바로 먹는 쌀이 맛있다는 것도 중요하게 생각했습니다. 우리나라 마트에 가면 일반적으로 4kg, 10kg 등의 단위로 판매를 하고 있는데, 그런 것들은 도정한 지 시간이 지나면서 맛이 없어집니다. 그래서 저희는 2002~2003년 현대백화점에 '즉석 도정 시스템'을 갖춰 입점을 했었습니다. 정미소에서 현미 단계로 매장에 가져와 소비자들에게 몇 번의 도미를 할 것인지 선택하도록 하고, 그 자리에서 바로 도정을 해서 판매했습니다. 그것이 매출이 수직 상승할 정도로 히트를 쳤죠. 가격도 일반 쌀과 크게 다르지 않았습니다. 왜냐하면 저희는 농민들에게 직접 구매하여 도정했기 때문에 중간 단계를 거치지 않으니까요. 그 때 롯데상사에서 그 같은 시스템을 가져가도 되느냐는 요청을 받게 됐던 것입니다.

Q 롯데상사와 무슨 일이 있었던 건가?

심재민 롯데상사가 제안한 것은 '독점계약'이었습니다. 현대백화점에 입점해 있는 매장을 철수하라는 요청이었습니다. 물론, 롯데 측에서는 그만큼의 이익을 보장해 준다고 약속했습니다. 그렇게 롯데와 계약을 하면서 기존 시스템으로는 물량 확보가 힘들어진 것입니다. 많은 양을 건조하고 저장하고 도정하기 위해서는 그에 걸맞은 대형 설비가 필요했던 것이죠. 대형 건조기 및 첨단 도정 설비를 갖춘 RPC(rice processing complex, 미곡종합처리장)를 기획하게 된 까닭이었습니다.

그런데 롯데 측에서는 농민단체들이 대기업이 농업에 진출하는 것을 반대한다는 이유로 설비대금을 우리 측에서 선부담(86억 원 정도)하라고 요구하더라고요. 보전을 해 준다는 조건이었습니다. 문제는 롯데가 유일한 판로가 되면서 시작됐습니다. 롯데가 갑자기 발주를 줄이는 등 횡포를 부리기 시작한 시점이죠. 그러니 우리는 쌀 수매자금도 부족하게 됐고 버틸 수 없게 된 것입니다. 그때 부모로부터 물려받은 시골 땅도 다 정리했습니다. 우리한테 쌀을 납품해 준 농민들의 벼 값을 지불하기 위해 최선을 다했습니다. 그렇게 빚을 정리하는 데 2년 (원금 포함 12억 원가량)이 소요됐습니다. 그 기간, 정말로 정신이 하나도 없었습니다. 그렇게 다 정리하고 나니까 롯데의 횡포가 생각이 나더라고요. '롯데, 이 나쁜 놈들과 싸워야겠다'고 말입니다. 그렇게 김영미 대표와 위기투합해서 롯데 앞에 몰려갔던 것입니다. "롯데는 쌀 값을 내놓으라"고 말입니다.

Q 추혜선 의원과는 어떻게 만나게 됐나?

심재민 세종 공정거래위원회 앞에서 집회를 했습니다. 그 앞에서는 정말 억울한 일을 당한 많은 사람들이 집회를 하고 있더라고요. 그곳에서 GS그룹을 상대로 싸우던 분들과 친하게 지냈습니다. 계속 보니까, 서로 힘내자 했던 거죠. 그렇게 어느 날 "내일 보자." 하고 헤어졌는데, 그분들이 안 나온 겁니다. 저희끼리는 'GS에서 묻은 거 아니냐'고 농담도 했었어요. 그런데 시간이 길어지니까 걱정이 됐습니다. 그래서 연락을 해 봤죠. 그러니, 그분들이 "공정위 앞에서 싸우는 건 답이 없습니다. 정의당 노회찬 의원을 찾아가세요"라고 이야기를 하지 뭡니까. 노회찬 의원이 해결해 줬다는 겁니다. 그분들이 하시는 말씀이 '노회찬 의원이 자기 돈으로 우리들 밥 사 먹이며 이야기 들어 주고 GS그룹 측에 여러 번 왔다 갔다 발품 팔아 해결해 주셨다', '너무 고마운 분이다', '딴 데 가 봐야 다 소용없다'고 울면서 감동에 차 말씀하시더라고요.

우리라고 국회의원들을 안 찾아갔겠습니까? 해결해 준다 준다 하면서 후원금만 받아 가는 의원들뿐이었습니다. 그런데 소수 정당인 정의당에서 해결해 줬다고? 저희 입장에서는 구세주가 나타난 거죠. 그래서 추혜선 의원이 SBS노동조합에서 일할 때 만났던 인연을 생각해 먼저 연락을 드렸습니다.

Q 롯데그룹을 상대로 추혜선 의원과 어떻게 함께 싸우게 됐나?

심재민 추혜선 의원님께 그동안의 사정을 다 말씀드렸습니다. '노회찬 의원님을 연결해 달라'는 요청을 드렸는데, 이미 법사위로 옮기셨다고 하더라고요. 정의당이 작은 당이다 보니 모든 상임위에 들어갈 수 없는 여건이라고 하셨습니다. 당시 추혜선 의원도 미래창조과학방송통신위원회(현 과학기술정보방송통신위원회)에 계셨고요. 그렇게 희망이 사라지는 줄 알았습니다. 그러던 차에 밤늦게 추혜선 의원으로부터 전화를 받았습니다. "내가 한번 힘써 볼게요"라는 연락이었습니다. 정무위로 상임위를 옮겼다고 하시더라고요. 정말 고마웠습니다.

Q 추혜선 의원이 결합하고 나서 실질적으로 달라진 게 있나?

심재민 추혜선 의원이 국회 정론관 기자회견을 열게 해 주셨습니다. 롯데 갑질피해 증언대회를 하기도 하고···. 그렇게 하니 롯데 측에서 반응이 오기 시작하더라고요. 그전에는 정말 꿈쩍하지 않았었거든요. 롯데 차원에서 '긴급 사장단회의'를 몇 번 했다고 들었습니다. 일본 대사관 앞에서 집회도 했습니다. 일본 롯데홀딩스 차원의 해결이 필요하다고 봤던 것입니다. 그걸 하니까, 대사관에서 일본 정부 측에

롯데 갑질 피해 업체 피해 구제 촉구 기자회견(2018. 12. 6.)

이야기가 흘러가고 롯데홀딩스 쪽에 연락을 한 모양이더라고요. 롯데 내부 지인으로부터 '대사관 앞에서 집회한 게 신의 한 수였다'는 이야기를 듣기도 했습니다. 그러다 보니 일본까지 날아가게 됐던 것이죠. 그때도 정의당에서 많이 도와주셨습니다. 추혜선 의원님도 계속 함께해 주셨고요.

Q **그래서 가나안RPC 사건은 좀 해결이 됐나?**

심재민 현재 답보 상태입니다. 해결된 것이 없어요. 그럼에도 우리는 우리 이야기를 들어 주고 자신의 일처럼 함께 싸워 준 것 자체가 고마운 것입니다. 솔직히 그전에는 답답했습니다. 기자들이 많이 찾아오기도 했었죠. 그래서 다 설명하고 자료도 다 받아 가고 그랬는데, 결국은 롯데 측 광고를 받는 수단으로 활용되더라고요. 기자들이 대놓고 이야기를 한 적도 있습니다. '롯데 측에서 광고 들어왔다'며 윗선에서 기사 내리라고 했다고. 정말 우리 얘기를 들어 준 사람이 한 명도 없었습니다. 그런데 추혜선 의원은 관심 가져 주고, 들어 주고, 같이 기자회견도 해 주시고 그랬습니다. 특히, 국회 정론관 기자회견은 지금 생각해도 고맙습니다. 그동안 국회 정론관에서 저희들을 서게 해준 곳이 없었습니다. 그것만으로도 감동이라고 저희들끼리 이야기를 많이 했습니다. 추혜선 의원님께는 더 바랄 게 없습니다.

Q **추혜선 의원에게 해 줄 말이 있나?**

심재민 너무나도 고맙습니다. 그 말이 정말 하고 싶었습니다. 제가 노회찬 의원님을 정말 존경했습니다. 그런데 그 뜻을 제대로 펴지 못

하고 돌아가셔서 안타까웠는데…. 추혜선 의원님은 노회찬 의원 뒤를

잇는 좋은 정치인이 될 것이라고 생각됩니다. 그렇게 해 주세요.

인터뷰 정리_ **권순택**(언론개혁시민연대 활동가)

3장

우리 모두는
'소수자'다

"기자회견 할 때는
수어통역과 함께 하겠습니다"

"제가 기자회견을 할 때에는 항상 수어통역과 함께 하겠습니다."

약속했고, 지켰다. 그런데 '부끄럽다'는 감정이 앞선다. 전 국민들께 약속드린 게 2019년 4월 18일의 일이었다. 4년이라는 국회의원 임기를 1년가량 남겨 둔 시점이었다. 그렇게 보면, 약속과 실천이 늦은 셈이다. 그래도 첫발을 뗐다는 점에서 위안을 받고 있다.

2019년은 한국 영화 100주년이 되는 해다. 봉준호 감독이 영화〈기생충〉으로 제72회 칸국제영화제 황금종려상을 수상하는 등 쾌거를 만들어 내기도 했다. 그만큼 한국 영화는 이미 엄청난 콘텐츠 경쟁력을 가지고 있다고 보는 편이 옳다. 이 시점에서 한국 영화의 의미를 되새겨 보고 싶었다. 그렇게 떠오른 질문이 있었다. '한국 사회에서 영화란 어떤 존재였을까'라는. 지난 정권 언론자유가 보장되지 않았던 시

위 '한국 영화사 100년, 장애인도 당당한 관객으로!' 장애인 영화관람환경 개선을 위한 법안 발의 기자회견
(2019. 4. 18.)
아래 청각장애인의 정보접근권 확대를 위한 국회법 개정안 발의 기자회견(2019. 9. 5.)

기 영화가 저널리즘 역할을 해 왔다는 생각이 먼저 들었다.

'저널리즘' 역할의 영화, 볼 권리는 평등하게 보장되고 있나

2012년 12월 19일 개봉한 영화 〈레미제라블〉의 흥행은 놀라울 정도였다. 영화 평론가들은 19대 대선의 영향이라고 이야기했다. 프랑스 대혁명 이후에도 달라지지 않은 피폐한 민중의 삶. 그럼에도 싸우는 사람들이 있고 포기하지 않는다면 다시 한 번 혁명이 일어날 수 있다는 희망을 줬다는 얘기였다. 국민들은 빵 한 조각을 훔친 죄로 19년 옥살이를 한 장 발장(휴 잭맨), 가난 때문에 비극적 삶을 살고 있는 판틴(앤 해서웨이), 젊은 혁명가 마리우스(에디 레드메인) 그 누군가에게 스스로를 대입했을지 모른다.

영화 〈광해, 왕이 된 남자〉(2012년 9월 13일 개봉)는 그 당시 한국 사회의 열망이 투영된 작품으로 기록된다. '따뜻함'과 '인간미'가 느껴지며 소신 있는 정치를 펴는 하선(이병헌)의 활약은 당시 정치적 환경과 비교되기도 했다. 부림사건을 맡으며 인권변호사로서의 삶을 살게 된 고 노무현 전 대통령을 다룬 영화 〈변호인〉도 같은 맥락의 영화로 볼 수 있었다.

한국 영화 역사는 '스크린쿼터'를 빼놓고는 설명하기 어렵다. 영화인들은 스크린쿼터를 지키기 위해 싸웠다. 그런 환경 그리고 기술의 변화와 맞물려 발전해 왔다. 한국 영화 100년은 우리 국민들이 사랑으로 함께 만들어 낸 쾌거였다. 그런데 문득 이런 생각이 들었다. '한국 영화의 발전을 우리 모두 동등하게 누리고 있는가.' 이 문제를 돌아볼 필요가 있었다. 그런 취지로 장애인들의 영화관 접근성을 높이는 법안을 준비하게 되었다.

법안 발의 기자회견을 준비하기 위해 장애인과 활동가들의 이야기를 들으면서 또 다른 의문이 들기 시작했다. '국민을 대변한다는 국회는?'이라는 질문. '의정활동을 하면서 전체 국민들을 대변하고 있는가'를 짚어 보며 그 짧은 시간을 돌아보았다. 국민들을 대리해 서는 국회 정론관에서는 수어 서비스가 제공되지 않았다. 그래서 생각했다. '한국 영화에 대한 장애인 접근권과 함께 우리는 거기에서부터 출발해 보자'라고 말이다. 최소한 정론관에서 진행되는 기자회견만이라도 수어 서비스를 제공해야 한다고 결정한 것이다. '국민을 대신해 서는 그 자리에서. 청각장애인들도 내가 어떤 정책을 마련했는지 알 수 있도록 해 보자.'

수어는 국어와 동등한 지위를 갖는 언어이다

「한국수화언어법」 제1조(목적)는 "한국수화언어가 국어와 동등한 자격을 가진 농인의 고유한 언어"라고 규정하고 있다. 그럼에도 불구하고 한국 사회는 수어에 대해서 굉장히 차별적인 태도를 보이고 있었다. 2019년 4월 강원도에서 발생한 대형 화재는 그 차별로 인해 장애인들이 목숨마저 위협받고 있다는 사실이 그대로 드러난 사건이었다. 재난방송에서 수어 서비스가 제공되지 않으면서 산불 피해 지역 및 부근에 사는 청각장애인들이 대피하는 데 어려움을 겪었기 때문이다.

"안녕하세요. 저는 평범한 농인이자 한 청년입니다. 오늘 저는 차별 진정에 동참합니다. 제가 모른 척 가만히 있으면 다른 장애인들이 피해를 입을 수 있다는 생각 때문입니다. 며칠 전 강원도 지역 산불로 많은 분들이 놀랐을 것입니다. 저도 놀랐습니다. 하지만 저는 다른 이유 때문에 더욱더 놀랐습니다. 산불에 대한 재난방송을 보던 4일 밤, 가슴이 타들어 갔습니다. TV에서는 산불 소식이 나오는데 수어통역들이 없었기 때문입니다. KBS, MBC, SBS 이렇게 채널을 바꾸어 보았지만 수어통역이 없었습니다. 뉴스를 전문적으로 하는 케이블 방송도 마찬가지였습니다. 저는 덜컥 겁이 났습니다. 만일 제가 있는 주변에서 이런 일이 생겼더라면 어땠을까 하는 생각 때문입니다. 만일 제가 있는 곳에서 이런 일이 난다면 정보가 부족하여 안전한 대피를 못 했을 것입니다. 정확한 정보를 인지 못하여 처참한 상황을 맞이할 수 있지 않을까 하는 생각에 몸서리가 쳐집니다. 여러분이라면 어떻게 생각하시겠습니까? 농인들에게 그런 끔찍한 상황은 없어야 되지 않겠습니까?

–2019. 4. 9. 임영수 장애벽허물기 활동가, 차별 진정 기자회견 중

재난방송뿐만이 아니다. 비장애인들이 하루 종합 뉴스를 보기 위해 KBS를 비롯한 MBC·SBS 뉴스를 보지만, 청각장애인들은 수어 서비스가 제공되지 않기 때문에 볼 수가 없다. '자막 서비스는 제공되지 않느냐'라고 항변할지 모르겠다. 그렇다. 한글의 우수성은 누구라도 쉽게

장애인의 날을 맞아 '장애인 인권헌장' 필사 챌린지에 동참했다. 장애인 인권헌장 제4조 '통신, 수어통역, 자막, 점자, 음성도서 등 모든 서비스를 제공받을 권리를 가진다.'(2019. 4. 20.)

배울 수 있다는 점이 아닌가. SBS 드라마 〈뿌리 깊은 나무〉(한석규·장혁· 신세경 주연)의 명대사가 있다.

강채윤 백성이 글자를 알면 우리가 그딴 거 알게 됩니까? 아니 그전에, 그 글자가 나오면 백성들이 정말 그 글자를 알게 될 거라고 생각하십니까? 양반님들이야 공부가 일이시니까 오만 자나 되는 한자를 줄~ 줄~ 외우시겠죠. 예, 뭐 저도 한 천 자는 알고 있습니다. 헌데 그거 배우는 데 얼마나 힘들었는지 아십니까? 제가 머리가 나빠서요? 아닙니다. 시간이 없어섭니다. 그게 백성의 삶입니다. 입에 풀칠하려면 동 트기 전에 일어나 해 질 때까지 허리 한번 못 펴고 일만 해야 되는데, 언제 글자를 배운다 이 말입니까!

광평대군 아직 해 보지도 않지 않았느냐! 할 수 있다!

강채윤 오만 자 중에 천 자 배우는 데도 그리 오래 걸렸습니다. 헌데, 배워요? 도대체 전하의 글자는 몇 자나 되십니까? 오천 자요? 아니면 삼천 자? 천 잡니까?

광평대군 스물여덟 자….

강채윤 천스물여덟 자요?

광평대군 아니, 그냥 스물여덟 자.

강채윤 그게 말이 됩니까? 이 헛간 안에 있는 물건만도 스물여덟 개가 넘습니다. 헌데, 글자가 세상을 다 담아야 되는 거 아

> 닙니까? 고작 스물여덟 자로 만 가지 이만 가지를 다 담을 수
> 있다 이 말입니까!?
>
> **광평대군** 만 가지, 이만 가지가 아니다. 십만 가지, 백만 가지
> 도 담을 수 있다.

이 드라마에서 강채윤(똘복, 장혁)은 실제로 한글을 반나절 만에 깨친
다. 그렇게 쉬운 한글인데, 배우면 되는 것일까? 그러나 청각장애인들
에게는 쉽지 않다. '한글을 쉽게 배울 수 있다'는 건 소리를 들을 수 있
고 그것으로 대화를 해야 한다는 전제가 있어야 가능하다. 청각장애
인들은 어렸을 때부터 수어로 대화를 해 왔다. 그 수어가 그들에게는
고유언어인 셈이다. 그들이 한글을 배우려고 한다면 '수어'를 통해서
제2외국어를 배우는 것이나 다름없다.

그런 점에서 방송의 공적 책임에 대해서 이야기하지 않을 수 없다.
방송은 권력을 가진 자들보다는 권력을 갖지 못한 자들을 위해 있어
야 한다. 권력을 가진 이들은 발언권을 얻기 쉽다. 하지만 사회적 소수
자들은 그들을 대변해 줄 미디어가 없다. 국민의 재산으로 사업을 하
는 방송사들이 더욱더 장애인들의 관점에서 서비스를 해야 하는 이유
이다. 단순히 비장애인들이 수어 서비스 화면을 보는 게 불편하다고
이야기할 문제가 아니라는 얘기다. 「방송법」 제6조(방송의 공정성과 공익
성)는 "방송은 상대적으로 소수이거나 이익추구의 실현에 불리한 집
단이나 계층의 이익을 충실하게 반영하도록 노력하여야 한다"고 명시

하고 있다. 국민들로부터 수신료를 받고 있는 공영방송 KBS의 무게감은 더 클 수밖에 없다.

'수어는 국어와 동등한 자격'이라는 문구에서 다시 생각해 봐야 한다. 여기에 '다양성'이라는 단어를 결합해 본다면 어쩌면 답은 쉽게 나올지 모른다. 행정안전부가 발표한 '2017년 지방자치단체 외국인주민 현황'에 따르면, 국내 장기체류 외국인·귀화자·외국인주민 자녀는 186만 1,084명으로 집계됐다. 우리나라 총인구 중 3.6%에 해당하는 수치다. 중요한 것은 그 수가 점점 가파르게 상승하고 있다는 점이다. 다문화는 한국 사회 역시 비껴갈 수 없는 흐름이 됐다. '다양성'의 문제를 함께 봐야 한다는 말이다.

한국 사회 구성원들은 점차 다양해지고 있다. 한국 사회는 그동안 빠른 발전이라는 목표 아래 소수자들의 희생을 강요해 왔다. 이제는 그것만으로는 사회를 유지하기가 쉽지 않다. 문제는 방송이 그에 걸맞은 서비스를 제공하고 있느냐는 점이다.

영국의 대표적인 공영방송 BBC의 경우, 'BBC IN OTHER LANGUAGES'를 통해 방송 서비스를 제공하고 있다. 아쉬운 것은 유네스코문화유산으로 등재된 훈민정음(한글)이 서비스되고 있지 않다는 점이다. 그렇다면 한국의 공영방송 KBS는 그 같은 서비스(다중언어)를 제공하고 있는가. 청각장애인들을 위한 '수어' 역시 같은 맥락으로 볼 수 있어야 한다. 비단 소수자이니까 더 배려해야 한다는 차원에서만 볼 문제도 아니라는 얘기다.

정의당에서 시작하는 '다양성'을 위한 수어 제공

장애인들의 영화 관람권 역시 같은 맥락에서 보아야 한다. 장애인들을 위한 영화가 제공되지 않는 건 아니다. 화면해설, 한글자막 등을 제공하는 '배리어프리(barrier-free)' 영화가 상영되기도 한다. 하지만 문제는 한 달에 한두 번 제한적으로 상영된다는 점이다. 영화의 종류나 상영시간, 상영관 등에서 장애인들의 선택권이 없었던 게 사실이다. 그러다 장애인들이 차별구제청구소송에서 승소(2017년 12월)를 했다. 그럼에도 불구하고 영화사업자들은 항소를 제기, 소극적인 태도로 일관하고 있는 상황이다. 영화사업자들에게 장애인 영화 관람의 편의 제공을 의무적으로 하도록 하는 법 개정안을 발의한 이유이기도 하다.

이 밖에도 장애인들의 영화 접근권 자체는 기술의 변화에 따라 더욱 협소하게 바뀌고 있는 중이다. 무인주문기계인 '키오스크'가 극장가에 확대되고 있다. 하지만 장애인들을 위한 음성과 점자 등이 제공되지 않고 있다. 법안을 발의하면서 '보조인력'을 배치하도록 한 까닭이다.

한국 영화는 일제강점기, '단성사'에서 시작해 현대사의 숱한 굴곡 속에 100주년을 맞은 올해까지 최근에는 매년 누적 관객 2억 명을 돌파하는, 세계에서 몇 되지 않는 '자국 영화' 시장을 이뤄 냈습니다. 그러나 '지난 1년 동안 영화를 관람했다'고 응답한 장애인의 비율은 24%에 불과했습니다. 장애인 당사자들에게는 아직도 영화관의 문턱이 너무 높아 비장애인

위 장애벽 허물기, 한국농아인협회 회원들이 수어통역 청원서를 국회사무처에 제출하고 있다(2019. 7. 19.)
아래 '한국수화언어법 준수, 국회에서부터!'_국회의사당 기자회견 등에 수어통역 실시요청 청원(2019. 7. 19.)

들에게 일상이고 취미인 영화 관람조차, 또 다른 차별이 되고 있습니다.

장애인의 영화관람권 확보 소송을 제기한 당사자가 보려고 했던 영화는 청각장애인이 겪는 인권침해 실태와 폭력을 고발한 〈도가니〉였다는 점에 주목해야 합니다. 우리 사회 수많은 약자의 눈물을 그려 낸 한국 영화들을 정작 그 당사자인 장애인들은 볼 수 없는 현실을 개선해 내기 위해 노력하겠습니다. 무인주문대 앞에서 힘없이 돌아서지 않고, 개봉 영화를 선택해서 볼 수 있고, 휠체어가 가는 곳엔 유모차가 가고, 사회적 약자가 갈 수 있다는 생각으로 '정의로운 골목'이 우리 동네 곳곳에 자리 잡을 수 있도록 항상 함께하겠습니다.

_2019. 4. 18. 추혜선, 장애인 영화관람환경 개선 법안 발의 기자회견 중

이 같은 흐름이 비단 '장애인'들만을 위한 건 아니다. 지하철역에 설치돼 있는 엘리베이터는 장애인들의 오랜 이동권 투쟁으로 마련되기 시작했다. 그런데 지금 보면 어떤가. 어르신들, 임산부는 물론 다리를 다쳐 단기간이라도 걷는 게 불편한 모든 사람들에게 혜택이 돌아가고 있다. 다양한 사람들이 사람답게 살기 위한 정책은 결국 모든 사람들에게 유익하다는 결론이다.

국회는 어때야 하는가에 대한 고민이 깊었다. '국회의원이 국민을 대의한다'는 의미는 뭘까. 그 국민에 장애인들은 배제돼 있는 건 아닐까. 그렇다면 의정활동을 청각장애인들도 정확히 알 수 있도록 해야겠다. 그런 고민들이 꼬리를 물고 물어 내리게 된 결론. 그것이 바로 기자회견 시 '수어'를 제공하는 일. '내가 국회의 물꼬를 터야겠다.'

제39회 안양시 장애인의 날 기념식에 참석해 지역의 장애인들을 만났다(2019. 4. 19.)

기자회견 시 수어 제공이라는 결심에 대해 당원들의 호응이 컸다. 당원들은 "정의당의 가치와 굉장히 부합하는 결정이다", "오히려 늦은 감이 없지 않다"고 격려해 주었다. 대부분이 '당이 당연히 했어야 했던 건데, 열악하다 보니 어려웠다'는 반응이었다. 정의당 심상정 대표는 선거가 끝나고 나서 고생해 준 수어통역사들에게 유일하게 감사를 표현한 대선후보이지 않았나. '역시 정의당'이라는 생각이 절로 나는 순간이었다.

문제는 우리나라의 수어통역사들이 절대적으로 부족하다는 점일 것 같다. 그들에 대한 처우도 열악한 게 사실이다. 수어를 발전시켜야 할 하나의 언어라고 본다면 그에 대한 정부의 아낌없는 지원이 필요하다. 이제부터 하나씩 바꿔야 할 숙제들이다.

다행히 내가 기자회견 시 수어 제공이라는 약속을 지킬 수 있었던 것은 김철환 활동가 덕분이기도 하다. 언론개혁시민연대 사무총장으로 있을 때부터 장애인들의 방송 접근권 관련 활동을 같이 해 왔던 김 활동가. 하루 전 긴급하게 잡힌 기자회견이라도 개인 일정을 취소하고 달려와 주는 고마운 분이다. 그분께는 특별히 감사하다는 인사를 전하고 싶다.

물꼬는 텄다. 이제는 그 물길이 커지고 이어져야 한다. 개인적으로 청와대부터 바뀌었으면 좋겠다. 청와대는 대변인 브리핑 등 중요한 내용을 공지할 때 반드시 수어를 제공해야 한다. '문재인 대통령님, 우리 사회에도 다양성이 필요합니다'라는 말씀을 꼭 드리고 싶다. 그리고 다른 정당들 역시 논의해 주었으면 좋겠다. "부탁드립니다."

한국 사회에서
여성으로 산다는 것

"성평등이 민주주의의 완성입니다. 3·8 세계 여성의 날을 진심으로 축하합니다."

해마다 3월 8일 세계 여성의 날(International Women's Day)이면 장미꽃을 선물받았다. 노회찬 의원이 국회 청소노동자들, 정의당의 여성 의원들과 당직자·보좌진들에게 축하와 연대의 메시지를 전하는 방법이었다.

그런데 2018년 4월 2일에는 제비꽃이 내 책상에 놓여 있었다. 그 뒤에 보이는 발신자. '평화와 정의의 의원모임 원내대표 노회찬.' 노회찬 의원은 왜 정의당이 처음으로 원내교섭단체에 진입한 날에 다른 꽃이 아닌 제비꽃을 선물했을까. 나름 추측해 봤었다. 제비꽃은 들에서 자라며 어디에서나 쉽게 볼 수 있는 꽃 중 하나로 '오랑캐꽃'이라고도 불린다. 자주색, 하늘색, 흰색, 보라색 등으로 다양한 색을 가지고 있다. 그만큼 꽃말도 다양하다. '겸양', '진실한 사랑', '티 없는 소박함', '성실' 등등. 그리고 제비꽃은 해독, 소염 등의 효능이 있는 것으로 알려졌다.

그래서 추정한 결론은? 정의당 국회의원으로 무수히 짓밟혀도 온몸 부딪히며 싸우라는 의미. 눈치채신 분들이 계실 것 같다. 꽃다지 노래 〈민들레처럼〉의 한 구절이다. "특별하지 않을 지라도 결코 빛나지 않을지라도, 흔하고 너른 들풀과 어우러져 거침없이 피어나는~ ♪" 노회찬 의원이 하고 싶었던 말은 그게 아니었을까? 그때 물어보지 못한 게 안타깝다. 더 이상 당사자에게 물어볼 수 없으니 말이다.

정의당… 노회찬… 여성인권… 그리고 나

노회찬이라고 하면 가장 먼저 떠오르는 건 그의 '입담'이다. '언어의 연금술사', '촌철살인의 대가' 등으로 불리던 이였다. '노회찬 어록'은 여전히 회자된다. 그중 가장 유명한 건 아무래도 '불판'이 아닐까 싶다. 2004년 17대 총선 민주노동당 비례대표 후보로 출마했던 노회찬 의원은 KBS 〈심야토론〉에서 한나라당(현 자유한국당)과 민주당(현 더불어민주당)을 비판하며 날선 토론을 벌였다. 정치권의 신선한 바람을 일으킨 주인공이 됐었다.

"한나라당과 민주당, 고생하셨습니다. (하지만) 이제 퇴장하십시오.

위 '성폭력 없는 세상, 여성에게 정의를!', 정의당 3·8 세계 여성의 날 기자회견(2018. 3. 7.)

아래 좌 고 노회찬 원내대표로부터 선물받은 제비꽃(2018. 4. 2.)

아래 우 '소녀상이 춥지 않도록…' 한일 위안부 합의 폐기 및 국회 소녀상 설치 촉구 정의당 결의대회(2017. 1. 17.)

50년 동안 썩은 판을 이제 갈아야 합니다. 50년 동안 똑같은 판에다 삼겹살 구워 먹으면 고기가 시커매집니다. 판을 갈 때가 이제 왔습니다. (중략) (부유세 도입은) 옆에서 굶고 있는데 암소 갈비 뜯어도 됩니까? 암소 갈비 뜯는 사람들 불고기 먹어라 이거예요. 그러면 옆에 있는 사람 라면 먹을 수 있다는 겁니다."

_2004. 3. 20. 고 노회찬 의원, KBS 〈심야토론〉

고 노회찬 의원은 언론운동을 하면서 조우했던 적도 있었다. 2009년 7월 22일. 그날을 잊을 수 없다. 국회에서는 언론 현업인들은 물론 시민사회단체들이 반대해 왔던 미디어법(당시 '언론악법'으로 불렸다)을 한나라당이 날치기 처리하는 폭거가 일어났었다. 이명박 정부가 언론 장악을 위해 보수 신문사에 방송을 내어 주기 위한 법안이 본회의에서 처리된 것이다. 하지만 논란이 컸다. 한나라당 의원들의 '재투표(일사부재리 원칙 위반 등)', '대리투표' 등의 행위로 인해 해당 법 처리가 유효한가에 대한 헌법재판소의 판단을 받아야 했기 때문이다.

2009년 10월 29일, 하늘이 무너졌다. 헌법재판소가 법적 효력에는 문제가 없다는 결정을 내렸다. 그날 노회찬 의원은 본인의 SNS를 통해 "위조지폐라는 건 분명한데, 화폐로서 가치가 없다고 할 수 없다는 말", "입시부정은 있었지만 합격 무효로 볼 수 없다는 것"이라고 촌철살인을 남겨 주셨다. 그리고 "한나라당이 의회를 짓밟는 폭거를 저지른 것은 분명하다. 미디어법은 정치적으로 무효"라고 강조했다.

그런 노회찬 의원은 여성인권이라고 하면 떠오르는 당내 인사 중 한 명이기도 하다. 다시 생각해도 눈물이 먼저 나는 장면이 있다. 2018년

7월 27일 노회찬 의원의 영결식이 있던 날. 국회 청소노동자들이 노의원의 운구 행렬을 기다렸다. 그 모습은 왜 노회찬 하면 '여성인권'을 떠오르게 하는지 모든 걸 말해 준다. 2005년부터 세계 여성의 날이 되면 국회 청소노동자들에게 장미꽃을 선물했던 노회찬 의원. 2016년, 국회사무처에서 업무 공간이 부족하다며 청소노동자들에게 휴게실을 비워 달라고 요청하게 된다. 고된 노동에 쉴 곳마저 잃게 된 상황. 그러자 노회찬 의원은 선뜻 "저희 사무실을 같이 쓰자"고 제안했다는 일화는 매우 유명하다.

김영숙 국회 환경노동조합 위원장은 정의당 이정미 대표에 안겨 "(노 의원을) 어떻게 보내 드려"라며 오열했다. 김영숙 위원장은 노회찬 의원에 대해 "음지에서 일하던 우리를 인간적으로 대우해 줬다"며 "우리가 만난 정치인 가운데 가장 인간적인 정치인"이라고 평가했다.

이렇듯 노회찬 의원은 '젠더' 문제에 누구보다 관심을 보인 사람이다. 그는 "한국의 성별 임금격차도 여전히 OECD '부동의 1위'를 지키고 있는 현실 앞에서 부끄러움을 감추기 어렵다"며 "성평등을 위해 열심히 노력하는 여성단체들이 바라는 바대로, 성별 임금격차 해소, 여성대표성 확대 등 정치적 사회적 일상적으로 모든 차별을 금지하는 '포괄적 차별금지법'이 제정되길 바란다"고 촉구했다.

단순히 '말'뿐이 아니었다. 노회찬 의원의 첫 대표발의 법안은 '호주제 폐지'를 골자로 하는 「민법」 개정안(2004년 9월 14일 발의)이었다. 해당 법안은 반대가 많았다. 그럼에도 불구하고 노회찬 의원은 반대하는 의원들을 설득해 결국 국회 본회의를 통과시켰다. 이 밖에도 2006년 10월에는 「성전환자의 성별변경 등에 관한 특별법안」을, 2008년

1월에는 「차별금지법」을 대표발의하기도 했다. 그는 퀴어축제 단상에서도 "무지개가 아름다운 것은 하나의 색깔 때문에 아름다운 것이 아닙니다. 일곱 가지 색깔이 서로 공존하기 때문입니다"라고 발언해 다양성의 중요성을 몸소 보여 준 인물이다.

노회찬이라는 정치인을 잃은 한국 사회, 그의 정신을 이어 나가야 할 여러 부분 중 '젠더' 역시 한 줄기일 수밖에 없는 까닭이다. 하지만 아직도 부족한 부분이 많다. 생리대 안전성 문제만 생각하면 마음이 쓰리다.

한국 사회는 얼마나 달라졌나… 생리대 안전성은?

2017년 3월 여성환경연대가 "국내 생리대에서 발암물질이 검출됐다"고 밝히며 한국 사회에 큰 충격을 줬다. 김만구 강원대 환경융합학부 교수 연구팀이 발표한 '생리대 방출물질 검출 시험' 결과에서 국내에서 많이 팔리는 10종의 일회용 생리대에서 모두 국제암연구소(IARC)의 발암물질, 유럽연합(EU)이 규정한 생식독성, 피부자극성 물질 등 유해물질 22종이 검출됐다고 밝히며 '생리대 유해성 논란'이 커졌다. 당시 10종의 생리대 명은 밝혀지지 않았다. 하지만 인터넷 중심으로 깨끗한나라 릴리안 생리대를 사용한 후 '생리불순', '월경기간 감소', '생리주기 변경' 등 몸이 이상해졌다는 증언들이 쏟아지기 시작했다.

개인적으로도 공포감을 느낄 수밖에 없었다. 한 달에 한 번, 시작하

'생리대 안전과 여성건강' 긴급토론회에 심상정 의원과 함께 참석했다(2017. 9. 20.)

면 최소 4~5일 생리대를 사용할 때마다 들었던 걱정. 바로 '이건 안전한 거 맞아?'였기 때문이다. '나'만의 문제는 아니었다. 대부분의 여성의 문제였다. 한국 사회 절반이 필수적으로 사용해야 하는 물품이었다. 그리고 곧바로 두 딸에 대한 걱정으로 이어졌다. 생리통에 시달리는 딸들이었다. 여성들의 분노가 끓어올랐다. 청와대 국민청원 게시판이 폭발하는 게 아닌가 생각이 들 정도였다. 정부가 '예비조사'에라도 나서게 된 이유였다.

이 과정에서 무엇보다 이해할 수 없는 건 식약처의 태도였다. 생리대 '발암물질' 검출 논란이 일파만파 커지자 곧바로 "인체에 유해성이 없다"고 발표했던 식약처였다. 뭐가 그리 급했을까? 그런데 식약처 품질 검사는 문제가 있었다. 화학물질 '휘발성유기화합물'에 대한 조사가 포함돼 있지 않았었기 때문이다. 그 후 깨끗한나라는 문제가 됐던 생리대를 재판매하게 됐다. 식약처가 많은 국민들의 불안에도 불구하고 기업들에게 면죄부를 준 셈이었다.

그렇게 시간이 흘렀다. 생리대는 안전할까? 그렇지 않다. 환경부는 2018년 12월 19일 〈일회용 생리대의 건강영향 예비조사〉 결과를 홈페이지에 게재했다. 그 결과는 참담했다. 식약처가 '유해성이 없다'고 발표한 것과는 사뭇 달랐다. 해당 보고서에 따르면, 참여자들은 일회용 생리대 사용 후 '생리주기 및 양 변화', '생리통 발생', '생리량 변화', '가려움증' 등의 증상을 호소했다. 연구진은 "(건강 피해) 증상들을 확인하기 위한 독성학 및 역학적인 평가 등 연구가 필요하다"고 결론을 내렸다. 추가적인 '역학조사', '생리대 추출물 독성학적 조사' 등이 필요하다는 얘기였다. 연구진의 해당 보고서는 8월에 마무리된 것이기도 했다.

하지만 환경부는 해당 내용을 별도의 발표도 없이 조용히 넘어가려고 했던 것이다. 반면, 식약처는 12월 '생리대 휘발성유기화합물(VOCs) 모니터링 및 프탈레이트류 위해 평가 결과'를 통해 생리대, 팬티라이너, 탐폰 총 297개 제품 VOCs 검출량이 위해 우려 수준이 아니라고 발표했다. 도대체 정부의 발표, 어떤 것을 믿으라는 건가. 정의당에서 생리대 안전성조사와 건강역학조사를 위한 청원 서명 제출 기자회견을 연 까닭이기도 했다.

> "(포털 사이트에서) '생리대'를 치면 연관 검색어로 뜨는 말이 있습니다. 발암물질. 저도 두 딸을 키우고 있는데, 물어봅니다. 어떻게 해야 하느냐. 참 막막하죠. 이런 불안한 상황인데도 지금 생리대를 구입할 수밖에 없습니다. 생리대 문제, 인구 절반의 문제가 아닙니다. 국민 모두의 문제입니다. 지금 식약처의 태도를 보면, 이 정부가 바뀌고도 또다시 가만히 있으라는 것과 다를 바가 없습니다. 하루빨리 정부와 민간이 협력해서 안전성을 검토하고 면밀히 설계된 역학조사를 진행해야 합니다. 그리고 여기에서 그치지 않고 그간 사회적 논의나 제도적 배려가 없었던 이 생리대 문제를 국민의 전 건강권의 문제로 인식하고 논의의 장을 제대로 만들어야 될 것입니다."
>
> _2017. 9. 15. 추혜선, 생리대 안전성 건강역학조사 청원 기자회견 중

생리대 안전성 파동이 일어난 지 2년이 넘게 흘렀지만, 여전히 달라진 건 없다. 생리대를 사용할 수밖에 없는 여성들은 '보다 안전한 생

리대'를 찾는 수고로움을 감수하거나, 아니면 발암물질이 검출될지도 모르는 불안감을 가지고 기존 생리대를 계속 사용하는 수밖에 없는 것이다.

개인적으로 생리대 안전성 문제를 바라보며 끔찍하다고 느낀 건 식약처의 태도였다. 식약처는 생리대의 안전성에 대해서 단 한 번도 전수조사를 벌이지 않았다. 국민의 절반이 그것도 거의 평생을 쓰는 필수품에 대한 것이기 때문에 더욱 의아했다. 결국, 결론은 하나다. '여성의 문제'가 되는 순간 정치에서는 사라진다는 것. 이번 사태를 경유하며 다시 한 번 뼈저리게 느낀 한국 사회 여성의 위치였다.

정책 결정과정에 '여성'의 목소리는 더 커져야 한다

생리대 파문의 문제는 자연스럽게 한국 사회 정책을 좌지우지하는 이들은 누구인가에 대한 질문으로 옮겨 갔다. 하지만 여전히 '절벽'을 볼 수밖에 없다.

"홍남기 실장님, 일어서서 뒤를 돌아보세요. 뭐가 보이십니까? 제가 국감 때마다 우리 사회 아직 멀었다 이렇게 안타까움을 많이 느낍니다. 지금 국장급 이상 기관 증인들이 다 계시지요? 국무조정실 명단을 보니까 46명, 총리비서실 12명입니다. 총 58명 중에 여성 몇 분 계세요? 4명이지요? 이건 기울어진 운동장을 넘어서 절벽입니다. 앞에 보고 계신 우리 위원들 중에 여성이 2명밖에 없습니다. 거울을 마주 보고 있는 겁니다.

"기울어진 운동장을 넘어 '절벽'입니다." 정의당 경기도당 여성정치 리더십 아카데미(2017. 12. 2.)

정부와 국회가 모두 노력해야 된다, 이런 다짐을 해 주셨으면 좋겠고요. 혜화역에 모인 여성의 분노 여기서부터 출발했다고 생각합니다. 절벽은 바로잡아야 되지 않겠습니까?"

_2018. 10. 10. 추혜선, 국정감사 중

국무조정실만의 문제는 아니었다. 대부분의 정부 부처들이 여기에 해당됐다. 문재인 정부는 30% 여성할당을 실천한다고 했지만, 그 뜻은 이뤄지지 못했다. 노력을 폄훼하고 싶진 않다. 다만, 아직 멀었다는 얘기이다. 내 발 디딘 곳들을 돌아보면 이 같은 '불평등' 구조는 여전하다는 것을 여실히 느낀다. 그런 점에서 한국 사회는 여전히 멀었다.

8년 차 정소연 변호사(법률사무소 보다)가 강원도여성가족연구원 웹진 「여성ⓔ행복한 강원」 7월호(117호)에 실은 글[7]을 다시 한 번 곱씹게 된다.

"세상에는 변호사와 여성 변호사가 있다. 내가 일을 꼼꼼하게 하면, 나는 '여성 변호사'가 된다. 일을 꼼꼼하고 세심하게 하는 것은 '여변'의 특징이라고들 한다. 심지어 칭찬이랍시고 그런 말을 한다. 내가 남성이었다면 나는 그냥 '일을 잘하는 변호사'였을 것이다. (중략) 변호사 일 년 차 때의 일이다. 나이와 기수가 같은 남자 변호사와 나란히 앉아 일을 하면, 내가 주무를 하고 있다는 것을 분명히 아는 사람조차도 내가 아니라 남자 동기를 향해 말을 했다. 너무나 많은 사람들이 둘 중 딱 남자 동기 쪽만 쳐다보

---

[7] 2019년 7월, 강원도여성가족연구원 웹진, 「그냥 변호사와 여성 변호사」.

며 말을 하니, 동기의 머리 뒤에 후광이라도 있나 싶을 정도였다. 나는 그에게 후광이 있는 것이 아니라, 나에게 '여성 변호사'라는 그늘이 있다는 것을 곧 깨달았다."

_정소연 변호사

서지현 검사의 '미투(#MeToo, 나도 고발한다)' 역시 같은 맥락에서 읽힌다. 한국 사회에서 '검사'라는 권력자의 위치에 있다고 하더라도 '여성'이라는 이유만으로 성폭력에서 자유로울 수 없는 현실. 그런 피해자가 가해자 안태근 전 법무부 검찰국장의 "사실 아직도 장례식을 갔는지조차 기억이 나지 않는다"는 변명을 들어야만 하는 한국 사회. 우리는 그를 제대로 보호하고는 있는가.

개인적으로 서지현 검사한테 감사하고 고맙다. 여성들은 안다. 그가 여전히 검찰조직에서 몸담고 있는 게 얼마나 힘든 일인지를 말이다. 그리고 그가 왜 모든 시선을 한 몸에 받으면서 그 자리에서 버티고 있는지도. 그래서 그렇다. 그에게 감사하다고 말하는 이유. 그의 애씀을 너무나 잘 알고 있기에….

국회라고 다를 게 없다. 국회 또한 '국회의원과 여성 국회의원'이 있다. 정소연 변호사의 칼럼을 공간만 국회로 해서 그대로 옮겨 볼 수도 있다.

여성 정치인의 삶 또한 고달프기는 마찬가지다. 박근혜 전 대통령을 옹호할 생각은 추호도 없다. 다만, 박근혜 대통령의 국정농단 사태가 벌어지고 난 뒤 난무했던 '여성 대통령은 안 된다'라는 인식은 불편했다. 우리나라의 역사를 돌아보라. '독재' 대통령은 모두 남성 정치

위 #미투에 응답하라, 성평등 추진체계 혁신을 위한 정책토론회(2018. 4. 5.)
아래 윤미향 정의기억연대 대표에게서 작은 소녀상을 선물받았다.

인이었다. 5·18 광주민중항쟁을 통해서도 드러났듯 시민들을 향해 발포를 명령한 대통령 또한 남성이다. 과연 그때 '남성 대통령은 안 된다'는 평가가 내려진 적이 있었던가.

역사 속 '여성운동'… 한국 사회의 미래를 위하여

한국 역사 속에 수많은 여성운동가들이 있었다. '위안부' 할머니들(이후 활동가로 표기)이 대표적이라 할 수 있다. 고 김학순 활동가의 최초 '위안부' 피해 증언(1991년 8월)이 있었다. 이듬해인 1992년 1월 8일부터 매주 일본대사관 앞에서 수요집회가 진행되고 있다. 그러나 안타깝게 '위안부' 활동가들의 모습은 보이지 않는다. 시간이 많이 흘렀다. 그리고 계속되는 비보들…. 대부분 90세가 넘은 나이였다. 병상 생활을 하시는 분들도 많다. 더 이상 시간은 그들을 기다려 주지 않는다.

박근혜 정부는 '위안부' 활동가들에게 사죄해야 한다. 2015년 12월 28일 윤병세 외교부장관과 기시다 후미오 일본 외무상은 '위안부' 문제 해결을 위한 한일 장관 회담을 열어 '한일협상'을 마쳤다. 그리고 나온 정부의 발표는 국민들을 허탈하게 했다. "24년 만의 극적타결"이라고 했다. "아, 너무나도 잘됐다"로 평가해야 할까. 그런 줄 알았다. 그런데 그 내용이 허무맹랑했다. '한국은 '위안부' 지원 재단을 설립하고 일 정부는 재단에 10억 엔을 출연한다.' '국제사회에서 서로 비난하는 행동을 자제하자'고 했다. 해당 합의는 '최종적 및 불가역적'이라고도 했다.

참담했다. '위안부' 활동가들은 '일본 정부의 진정성 있는 사과'와 '법적 책임을 통한 배상'을 요구해 왔다. 그렇지만 그 어떠한 것도 충족될 수 없는 12·28합의였다. 과연, 박근혜 정부는 무슨 생각으로 이런 얼토당토않은 합의를 한 것인가. '원활한 국정 운영을 위해', '원만한 한일 관계를 위해'라는 생각이었다면 또 여성은 정치적으로 희생되어도 된다는 논리의 작동은 아니었을까.

그 결과물은 무엇인가. 혜화역 시위는 그 관점에서 봐야 한다. '다른 남자에게 호감을 보인다'는 이유로 여자친구를 주먹으로 때려 숨지게 한 남성을 징역 3년에 집행유예를 선고한 판결이 있었다. 감형의 이유를 보면, 한숨이 나올 정도다. 술에 취해 우발적으로 범행이 이뤄졌다고 판단했다. 119에 신고한 것은 구조 요청을 한 것으로 인정받았다. 또 숨진 여자친구의 가족들이 선처를 요청했다는 점도 감형의 요인이 됐다. '유족과의 합의'가 감형의 이유가 될 수 없다는 사회적인 목소리에 법원은 여전히 귀를 닫고 있다.

'위안부' 사건과 12·28합의 그리고 수요집회. '불법촬영 편파수사 규탄'으로 시작된 혜화역 시위와 영화 〈걸캅스〉 '영혼 보내기' 운동은 한 뿌리다. '여성'을 부차적인 존재로 이해되는 구조에서 벌어지는 사건 그리고 여성들의 투쟁사. 그 모두를 응원한다.

그리고 다시 고 노회찬 의원. 김영숙 국회 환경노동조합 위원장은 2019년 3·8 세계 여성의 날에 "국회에서 고무장갑 낀 채 일하는 우리들의 손에 장미꽃을 안겨 준 분은 의원님이 처음이었다. 이젠 그분이 없는 첫 3월 8일이다. 이날이 다가오니 유난히 그립고, 허전하다"고 밝혔다. '남성 페미니스트' 혹은 '두 번째 페미니스트(서한영교 지음)'가 필요한 이유이기도 하다. 페미니즘이란 결국 '교차성'에 기반을 둘 수밖에 없기 때문에…. 여성이어서 서럽고 여성이어서 고마운 하루가 오늘도 지나고 있다.

'살아남은 아이'가
살고 싶은 사회를 만들려면

"나는 복지원 사건이 해결되어야만 모든 것이 정상으로 돌아갈 수 있다고 지금도 믿고 있다."

형제복지원 피해자 중 한 명인 종선은 『살아남은 아이』 책에서 이렇게 기록했다. 그와의 인연은 우연들이 겹쳐 시작됐다. 법·제도 개선을 중심으로 운동을 해 왔던 언론개혁시민연대 활동가로서 국회를 오가는 일이 많았다. 그날도 국회에 급히 들어갈 일이 있었다. 2시 일정에 맞추려면 시간이 촉박해 걷듯 뛰듯 쏜살같이 국회 앞을 지나고 있었다. 여느 날과 같았다. 국회 앞에는 제각각 억울한 사연을 가진 분들이 시위·농성하고 있었던 것이다. 그런데 못 보던 한 청년이 서 있는 게 아닌가. '형제복지원?' 그가 나에게 목례를 했다. 나 역시 짧은 목례를 하고는 국회 담장 안으로 들어갔다. 눈은 그 청년을 향했지만 발걸

음은 나를 국회 안으로 재촉했다.

　시간이 흘렀다. 종선과의 첫 만남을 까마득히 잊어버리고 있었다. 그러던 어느 날 언론개혁시민연대 전규찬 대표가 책『살아남은 아이』 출판기념회를 도와 달라고 요청해 온 것이다. 그렇게 내 손에 종선이 쓴 책이 놓여 있었다. '아, 형제복지원 얘기구나.' 출판기념회를 준비하려면 당연히 책을 읽어야 했기에 한 장 한 장 책장을 넘겼다. 그런데 그것은 나에게 고통의 시작이었다. 그 책을 읽은 후로 불면의 나날이 계속됐다. 어쩌면 당연한 거였다. 한 개인이, 한 가정이 파괴되어 가는 증언을 읽는다는 건 쉬운 게 아니었다. 뼈 마디마디가 아팠으니까 말이다. 실제로 몸살을 심하게 앓기도 했다.

2012년도에 다시 시작된 형제복지원 싸움

　『살아남은 아이』는 인권유린이 벌어진 형제복지원 현장으로 끊임없이 나를 데려갔다. 그러면 난 그 형제복지원 현장이 광주민주화운동과 오버랩되면서 가슴에 불덩이가 치솟곤 했다. 그 감정은 고스란히 분노로 바뀌었다. 광주를 비롯해 현대사에서 벌어진 수많은 국가폭력들이 존재했다. 폭력이라는 것은 같은 공간에서 공동체로 묶인 이들에게는 전이되는가 보다. 그것이 내가 아픈 이유였다. 그런 과정을 겪으며 종선을 만났다. 서로 무엇을 하든지 함께 고민했다. 그런 시간이 쌓이고 쌓여 종선과는 누나 동생 관계로 발전했다.

　형제복지원 인권유린에 대한 진상규명의 필요성이 다시 제기됐다.

위 형제복지원 국회앞 농성 400일, 「진실·화해를 위한 과거사 정리 기본법」의 통과를 촉구하기 위해 국가
폭력 피해생존자들과 함께(2018. 12. 11.)
아래 좌 CBS〈시사자키 정관용입니다〉의 '계류법안 심폐소생' 코너에 출연해 「과거사법 개정안」을 소개
했다(2019. 1. 29.)
아래 우 국회 앞 형제복지원 농성장에서.

종선을 비롯한 피해생존자들이 나서지 않았다면 불가능한 일이었다. KBS 〈추적60분〉을 비롯한 방송이 나가며 사회적으로 큰 관심이 쏟아졌다. 이제 많은 분들이 '형제복지원'이라고 하면 구체적으로는 아니더라도 어떤 사건인지는 알고 계신다. '전두환 정권 시절 부산에 위치했던 3,000명 규모의 부랑자 강제수용소로 인권유린이 벌어진 복지원', '직원의 구타로 원생들이 숨지고 35명이 탈출하면서 세상에 드러난 사건', '제2의 삼청교육대라고 불리는 국가폭력의 상징.' 형제복지원이라고 하면 떠오르는 다양한 수식어들이다. 그만큼 형제복지원 사건은 끔찍했다.

그 시작은 독재정권이었다. 전두환 정권은 1986년 아시안 게임과 1988년 하계 올림픽을 앞두고 대대적인 '부랑인 단속'에 나선다. 목표 달성을 위해 정부는 돈을 풀었다. 누군가에게는 '눈먼 돈'이었을 것이다. 그를 이용해 사리사욕을 채우려는 사람이 등장했다. 기억해야 할 그 이름 박인근. 그는 형제복지원을 세워 매년 20억 원씩의 국고 지원을 받았다. 복지원, 그 단어의 원래 의미대로 잘만 운영했다면 뭐가 문제였겠는가. 그러나 상황은 다르게 흘렀다. 정부는 수용 인원에 따라 보조금을 차등 지원하는 정책을 폈다. 당연히 복지원의 규모는 보조금을 더 타기 위해 대형화됐다. 박인근이 형제복지원을 3,000명이 넘는 규모로 만든 이유였을 것이다. 복지원은 많은 인원을 통제할 방법을 찾아야 했다. 당연히 위계에 따른 군대식 문화가 필요해졌다. 그 안에서 통제를 위한 폭력은 정당화됐다. 그 결과, 형제복지원이라는 지옥이 만들어졌던 것이다. 그것이 형제복지원의 실체였다.

형제복지원 피해생존자가 인터넷에 올린 글이 화제가 된 적이 있다. 관련 방송 프로그램을 본 한 블로그 글에 형제복지원 피해생존자가 댓글을 남긴 것. 해당 글은 형제복지원에서 벌어진 인간 이하의 삶을 그대로 보여 주었다.

"한글이 서툴러도 이해 바랍니다..지금 위에글을 일그면서 눈물을 흘리면서 이글을 남김니다. 형제복지원(수용 번호 8-374번) 1년 넘게 준비하여 탈출한 사람입니다. 저는 그곳에서 수용하던 사람입니다 ,거짓업시 재가 새상에 입을 여는날에는 하나만 애을 들이죠 당시 나이가 아마도 5살즘 대여 보이더군요 쌍둥이여지요 하루는 소대장인가 하는 사람이 둘을 부르더니 소금 한 박가지을 들고 오더니 누군ㄷ대로 나누더니 시합을 시키더군여 누가 먼저 그 소금을요. 지는 아이한태는 죽을 곽오를 하라더군여 두아이는 입술에 피을 흘리면서 그굴금 소금을 정신업이 먹더군요 참서로 형제란것도 다잇고 지면 맞아야 한다니가요.온나라가 국제적 망실일 겁니다.지금의 우리들 입에서 나오는 말에 온 국민이 귀을 기우려주까요.아직은 어머니가 살아 계서서 입을 열지을 못합니다.,참고로 전 6살때 어머니한태 버림받은 사람입니다. 여러분의 위에 올린글들이 그나마 저의한태는 많은 위안이 댐니다..여러분 정말 이땅위 정이가있다면 ,좀도와 주세요.꼭 금전전 도움은 아니고요 여러분들의 관심이란니다..그럼다음에 또 글남기겠습니다. 궁금한점 있으시면 댓글 남겨주세요..51살먹은 장애 6급 노 촌각이.."

_형제복지원 피해생존자가 남긴 블로그 댓글[8]

8) https://blog.naver.com/shinchon2002/205140784

그 형제복지원 피해자도 '관심이 필요하다'고 호소했다. 누군가는 '형제복지원 실체가 드러났으니 해결된 거 아니었어?'라고 질문할지도 모르겠다. 하지만 전혀 그렇지 않다.

형제복지원 관련 〈신민당 조사보고서〉에 따르면, 복지원에서는 1975년부터 1986년(폐쇄는 1987년)까지 12년간 513명(넘을 것으로 추정)이 사망한 것으로 드러났다. 일부 시신은 의과대학의 해부 실습용으로 팔려 나가기도 했다. 그 안에서는 폭행과 협박이 난무했고 감금, 강제 노역, 성폭력 등이 일상적으로 벌어졌다. 1987년 3월 22일, 형제복지원 사건이 한국 사회를 뜨겁게 달궜다. 그런데 언제나 그렇듯 시간이 지나자 점점 잊혔다. 2012년 5월 종선이 국회 앞 1인 시위를 하기까지 말이다.

『살아남은 아이』는 왜 다시 '형제복지원'을 조명해야 하는가를 그대로 보여 주었다. 그곳에서 '인권유린'이 벌어졌다는 것으로 끝날 사건이 아니었다. 피해생존자들은 형제복지원이 폐쇄된 이후 과연 어떤 삶을 살았을까. 성인들은 어떠한 안전망도 없이 그대로 사회에 떨어졌다. 형제복지원에 들어갈 때 부랑자가 아니었던 사람들이 진짜 부랑자가 될 수밖에 없었다. 종선의 아버지와 누나도 마찬가지였다. 종선의 삶은 좀 나았나. 그렇지 않았다. 소년원 등으로 보내진 것 이외에 달라진 건 없었다. 그랬다. 형제복지원 피해생존자들의 '그 이후'에 대해 누구도 관심을 갖지 않았던 것이다.

아버지와 작은 누나와 생활하던 종선. 그는 본인의 의지와는 상관없이 누나와 형제복지원에 입소했다고 한다. 그 안에서 겪은 폭력과 인권유린은 언급조차 하고 싶지 않다. 정말 눈물 없이 들을 수 없는 이야기들이다. "아버지가 찾으러 올 것"이라던 기대가 무너진 순간의 절망. 누나가 종선에게 보여 준 애착, 종선의 누나에 대한 애정이 고스란히 담겨 있다. 나이가 어렸던 종선은 서울 소년의 집으로 옮겨졌지만 적응하지 못했다. 결국, 갱생원에서 탈출한 종선이었다. 그 후 종선은 구두 가공 기술을 익혔지만 공장 사장으로부터 배신을 당하는 일을 겪는다. 일해서 번 돈을 받지 못했다. 그렇게 종선은 공사판에서 일하다 다쳐 산업재해를 당한 후 기초생활수급자로 살아가고 있다. 영화 〈나, 다니엘 블레이크〉는 한국에도 여전히 존재한다.

반면, 박인근의 그 후 삶은 어땠을까. 검찰은 박인근에 대해 징역 15년과 벌금 6억 원을 구형한다. 그가 벌인 일에 비하면 너무나도 가벼운 처벌에 해당됐다. 그럼에도 1심 재판부는 그보다 낮은 징역 10년에 벌금 6억 원을 선고한다. 그러나 그것이 끝이 아니었다. 박인근은 항소심 재판에서 '정상참작'이 되어 징역 4년으로 감형됐고 대법원을 통해 최종 2년 6개월의 형만 받았다. 박인근의 아들 박두선 역시 1심에서 3년형을 받았지만 항소심에서는 무죄를 선고받았다. '이런 더러운 세상.' 욕이 절로 나왔다.

종선의 1인 시위는 한국 사회를 다시 형제복지원에 주목하게 만들었다. 누나로서 대견하고 존경스러운 종선. 국회 차원의 움직임도 있었다. 더불어민주당 진선미 의원 대표발의로 「내무부 훈령에 의한 형제복지원 강제수용 등 피해사건의 진상 및 국가책임 규명 등에 관한 법률안」이 제출될 수 있었다.

"형제복지원 사건이 터진 27년, 지금 28년이 되어 가고 있는 이 시점

형제복지원 농성장에서 피해생존자들과 함께

에서 결국 여기까지 와 있습니다. 형제복지원 피해자들은 하나같이 혼자서 외로이 지금까지 살아왔습니다. 저 역시도 마찬가지입니다. 그냥 세상에 외치고 싶었습니다. 2012년 5월부터 1인 시위를 하며 '살고 싶다'고 '살려 달라'고 우리 형제복지원 피해자들의 이야기를 들어 달라고. 저희가 요구하는 건 다른 건 없습니다. 진상규명을 해 달라는 거였습니다. 그저 사람들과 똑같이 우리들도 이 세상에서 살아남고 싶다고. 저는 형제복지원 피해자로서 이유 없이 그냥 숨으면서 살아왔습니다. 이십 몇 년 만에 아버지와 누나를 정신병원에서 찾았을 때, 나는 그래도 이렇게 이야기라도 할 수 있으나 말 못하는 아버지와 누나 그런 지체장애인들, 이런 분들은 누가 과연 대변해서 이야기를 해 줄 것인가. 그것에 대해서 생각하지 않을 수 없었습니다. 그래서 살려 달라고 국회 앞에서 1인 시위를 했던 것입니다. 사람답게 살고 싶습니다."

_2014. 3. 11. 한종선 형제복지원 피해생존자, 정론관 기자회견 중

그러나 19대 국회가 종료되며 해당 법안 또한 폐기됐다. 나는 종선의 좌절을 옆에서 지켜볼 수밖에 없었다. 그때의 감정은 참으로 복잡했다. 그저 위로의 말을 건네는 것밖에는 할 게 없었다.

국회에 들어와 다시 본 형제복지원

내가 정의당에 입당했을 때의 일화가 떠오른다. 그 시기에 종선은 다시 국회 앞에서 농성을 시작했었다. 그 추운 겨울에 이불만 가져다

의원실에서 종선과 함께 치킨을 먹으며

놓고 맨바닥에서 바람막이도 없이 농성을 했으니 몸도 성한 곳이 없었다. 그렇게 본인 챙기기도 어려운 상황에서 종선은 형제복지원 피해생존자들과 함께 나를 응원하며 도왔다. 형제복지원에서 오랫동안 고통의 시간을 보낸 사람들이었다. 그런 분들이 나, 추혜선을 응원하기 위해 와 준 것이다.

그들을 만나고 나서 한참을 울었다. 형제복지원 피해생존자들이 보내준 응원과 기대가 무거웠고 무서웠다. 아마도 그때 처음으로 정치의 무게를 느꼈던 것 같다. 형제복지원에 대한 진상규명은 정치의 몫이었다. 그 피해자를 아우르는 것 역시 정치의 몫이기는 마찬가지였다. 그런데 이 작은 정당 국회의원 도전자(당시는 19대 국회)가 그걸 해낼 수 있을까. 스스로 자문을 많이 했던 때였다.

그 후 나는 다행히 20대 국회에 정의당 비례대표로 입성할 수 있었다. 내가 서 있던 위치가 바뀌었다. '형제복지원법'이 폐기되는 걸 옆에서 지켜볼 수밖에 없었지만 지금은 다르다는 얘기였다.「진실·화해를 위한 과거사 정리 기본법」개정안을 발의(2017년 7월)한 이유였다. 활동기간을 6년으로 길게 잡았다. 충분한 활동기간을 보장해 피해생존자들의 구제와 후속조치까지 할 수 있어야 했기 때문이다.

과거 진실·화해를위한과거사정리위원회는 여야 합의로 2005년 12월 활동을 시작했다. 그리고 2006년 4월부터 2010년 6월까지 4년 2개월의 조사활동을 마친 후, 2010년 12월 31일 해산했다. 그런데 문제가 있었다. 신청 기간의 제한과 짧은 조사활동 기간으로 인해 상당수 피해자들이 신청 접수를 하지 못한 한계가 드러난 것이었다. 그분들에게는 진실규명과 명예회복 기회가 주어지지 않았다. 해산 시기에는 정권이 바뀌면서 활동에도 큰 제약이 있었던 것으로 드러난 바 있기도 하다. 과거 국가폭력에 의한 인권침해 사건들이 최근에야 밝혀지거나 다시 사회적 이슈가 되는 경우도 많이 있다. 형제복지원 인권유린 사건 또한 이 경우에 속했다. 2012년 종선의 1인 시위로 인해 재조명을 받기 시작했으니 말이다.

형제복지원 사건은 문재인 대통령도 관심을 기울였던 사건이다. 2014년 4월 8일 형제복지원 피해자 증언대회에서 문재인 대통령(당시 새정치민주연합 국회의원)은 다음과 같이 말했다.

> "형제복지원 사건이 터져 나왔을 때 당시 야당이었던 신민당이 진상조사를 했는데, 당시 저는 부산지방변호사회 인권위원으로 신민당 조사 작업에 참여한 바가 있습니다. 그때 그 진상 보고서가 그 사건에 대해 유일하게 남아 있는 진상 보고서인데 여러 가지 사정으로 진상 규명을 철저하게 하지 못했어요. 그런 아쉬움이 많이 남아 있죠. 부끄럽기도 하고요. 많은 세월이 흘렀지만 지금이라도 형제복지원 사건의 진상과 피해 실태들이 낱낱이 파헤쳐지고, 당시에 고통받은 사람들이 제대로 보상받아야 할 것이라고 생각을 합니다. 특별법 발의에 참여했습니다. 국회가, 늦었지만 지금이라도 성의를 가지고 조속하게 특별법을 통과시키고 국가가 해야 할 조치들을 다해야 한다고 생각합니다."
>
> _2014. 4. 8. 문재인 대통령(당시 새정치민주연합 국회의원)

문무일 전 검찰총장 역시 2018년 11월 형제복지원 피해생존자들을 만나 "피해 사실이 제대로 밝혀지지 못하고, 현재까지 유지되는 불행

한 상황이 발생했다"고 사과했다. 문 전 총장은 이날 형제복지원 사건이 '외압에 굴복해 수사가 조기 종결됐다'는 점도 인정했다. 정부가 움직이기 시작했다.

국회의 노력도 여전하다. 더불어민주당 진선미 의원은 20대 국회에서도 먼저 나서 「내무부 훈령 등에 의한 형제복지원 피해사건 진상 규명 법률안」을 재차 발의(2016년 7월)해 주었다. 국가인권위원회는 국회의장에게 형제복지원 피해 사건의 진상규명 및 피해자 명예회복 등 구제를 위해 이 법률안에 대한 조속한 논의 및 통과가 바람직하다는 의견을 표명해 주었다. 그리고 마침내 2019년 6월 25일. 국회 행정안전위원회 법안심사소위원회에서는 내가 발의한 「진실·화해를 위한 과거사 정리 기본법」 개정안 그리고 진선미 의원의 법률안 등을 병합 심사해 의결했다. 이제 한 고비를 넘긴 것이다.

형제복지원 진상규명은 '사회통합'의 시작

아직도 우려는 크다. 현대사에서 벌어진 '국가폭력' 문제는 그 가해자들이 여전히 기득권을 유지하고 있기 때문이다.

검찰 과거사위원회는 당시 김용원 검사가 형제복지원의 인권유린과 비리를 적발해 수사를 했지만 검찰이 외압에 굴복해 수사를 조기에 종결하고 말았다는 조사 결과를 발표했다. 〈그것이 알고 싶다〉 '형제복지원 다시 1년, 검은 배후는 누구인가' 편(2015년 3월 21일 방영)에서는 당시 부산검사장을 맡았던 박희태 전 국회의장의 이름이 거

"부산에서 청와대까지…" 형제복지원 사건 진상규명을 위한 특별법 제정 촉구!_피해생존자 「국토대장정」 출정 기자회견(2017. 9. 6.)

론됐다. 그는 방송에서 "글쎄, 기억이 날 등 말 등 하네"라고 답변했다. 그만큼 과거사 진상규명은 쉽지 않은 일이다. "과거는 과거다. 앞으로의 일을 해야지…"라며 과거사에 대한 진상규명을 반대하는 세력이 국회에 여전히 존재한다.

그만큼 현대사에 벌어진 국가폭력에 대한 진상규명은 쉽지 않은 게 사실이다. 그러나 나는 여전히 믿는다. 이걸 극복해야만 사회통합이 가능하다고 말이다. 국가폭력에 의한 진상규명 및 가해자 처벌, 피해자에 대한 명예회복이 되지 않는다면 그 같은 굴곡의 역사는 되풀이될 수밖에 없다.

『살아남은 아이』에서 종선은 "나는 아직도 희망한다. 누나, 아버지와 산골짜기 농가 하나를 얻어서 함께 평화롭게 사는 것을. 가난해도 좋다. 우리는 그럴 자격이 없는가?"라고 질문한다. 이제 우리 사회가 그 물음에 답을 해야 한다. 그리고 나는 "충분히 자격이 있습니다"라고 말하고 싶다. "그걸 막는 국가가 당신들에게 자격이 없는 것입니다."

개인적으로 종선이가 행복했으면 좋겠다. 결혼도 하고 아이도 낳고 따뜻한 가정을 꾸리길 바란다. 20대 국회 내 임기가 끝나기 전에 결혼식도 올렸으면 좋겠다. 그 상견례 자리에 전규찬 대표 그리고 내가 정신병원에 있는 아버지와 누이를 대신해 가족으로서 신부 부모님을 만나고 싶다. 그리고 종선의 결혼식에는 국가폭력 피해생존자들이 다같이 모여 축하해 주길 지금도 기대한다. "종선아, 행복하자."

Je veux rentrer chez moi
나는 집으로 가고 싶습니다

"국회가 무력해서 죄송합니다."

그를 만난다면 꼭 해 주고 싶은 말이다. '그'는 양현정 씨다. 현정 씨는 2015년 11월 두 달 일정으로 멕시코를 방문했다가 귀국을 5일 앞둔 2016년 1월 15일 새벽 영문도 모른 채 검찰에 끌려갔고, '한국 마피아 조직', '인신매매', '성매매' 혐의로 구속 기소됐었다. 그에게 씌워졌던 혐의 자체가 얼토당토않은 것들이었다. 멕시코 검찰은 증거를 불법적으로 수집해 현정 씨를 마피아로 몰아갔다. 그 과정에서 현정 씨는 대사관으로부터 어떠한 조력도 받지 못했다. 결국 현정 씨는 구속된 지 3년 2개월(1,154일)이 지난 2019년 3월 12일 석방될 수 있었다.

영화 〈집으로 가는 길〉의 실제 주인공인 장미정 씨 사건은 2004년도에 발생했다. 12년이나 시간이 흘러 유사한 일이 벌어진 것이다. 현정 씨의 사건이 '멕시코판 집으로 가는 길'이라고 불리는 이유다. 해당 사건은 나에게 '국가란 무엇인가'에 대한 질문을 던져 주었다.

양현정 씨 사건을 접했다… 대사관이 뭘 했다고?

2016년 5월 국회에 입성하고 '농성'을 한 적이 있다. 20년 넘게 '언론운동'에 매진했고 미디어개혁을 위해 국회에 들어간 내가 '미래창조과학방송통신위원회'가 아닌 '외교통일위원회'에 배정됐기 때문이었다. 비례대표 제도의 장점을 무시한 처사였다. 17일간 국회에서 농성을 했던 이유다. 국회 교섭단체가 아닌 정의당에서는 어쩔 도리가 없는 상황이었다. 그때까지는 그냥 억울했다. 그렇게 원치 않게 외교통일위원회에서 일하게 됐다.

문제는 곧 닥칠 '국정감사'였다. '외교·통일'이 전문 분야는 아니지만 정말 국민의 시각에서 잘 치르고 싶다'는 생각이 '재외국민'이라는 종착역에 나를 데려다 놓았다. 전 세계 어느 나라에 있든 소수자일 수밖에 없는 존재. 국가가 당연히 보호해야 하는 이들. 그렇게 국감 준비가 본격적으로 시작됐다.

재외국민에 대한 정부의 보호 조치가 취약하다는 사실을 다시 한번 깨닫게 됐다. 2016년 6월 나이지리아에서 피살된 우리 국민의 장례식을 한인회가 치렀다고 했다. 우리 국민이 먼 타국에서 마지막 길을 가는데, 국가적 차원의 예우는 없었다고 한다. 그러던 중 한 인터넷 사이트에서 현정 씨 사건을 접했다. 멕시코 감옥에 한국인이 감금돼 있는데, 그 죄목이 '인신매매'라고 했다. 그런데 당사자 측에서는 부인하고 있다는 정보가 전부였다. 교민사회에서도 현정 씨를 두고 양 갈래로 갈려 있었다. 한쪽은 범죄인이 맞는다고 했고 또 다른 쪽은 그럴 리 없다는 얘기였다. 발로 뛰어 확인해 보는 수밖에 없었다.

현정 씨는 반려동물 옷 디자이너로 쇼핑몰을 운영하고 있었다. 쇼핑몰 사이트를 찾아 접속해 보니 다행히 하단에 연락처가 남겨져 있었다. 그렇게 현정 씨의 지인과 연락이 닿았다. 그 지인의 이야기를 들으면서 '이건 뭔가 잘못됐다'고 직감했다. 멕시코 한인 커뮤니티와 교민 언론들을 찾아보고 멕시코 현지 교민들과 연락을 주고받았다. 사실관계가 점점 명확해졌다.

멕시코 감옥에 수감돼 있다는 현정 씨의 상황은 말도 못하게 '억울함' 그 자체였다. 반려동물 디자이너로 일하고 있던 현정 씨는 두 달 일정으로 2015년 11월 멕시코를 찾았다. 문제는 한 주점에서 시작됐다. 귀국을 며칠 앞두고 지인의 부탁으로 교포 이 모 씨가 운영하는 주점에서 영수증을 엑셀로 입력해 회계 정리를 할 수 있도록 돕게 되었다. 그런데 갑자기 무장한 멕시코 검찰 50여 명이 들이닥치더니 현정 씨를 비롯한 종업원들을 연행했다고 한다. 현정 씨로서는 상황 파악조차 힘들었을 거였다.

현정 씨는 함께 연행된 사람들과 떨어져 혼자 있었다. 종업원들은 전문 통역도 지원되지 않는 상태에서 주점에서 함께 연행된 손님의 통역에 의존해 조사를 받고 진술서가 작성됐다고 하니, 그만큼 허술한 조사가 있었을까 싶을 정도였다. 담당 검사는 스페인어로 된 진술서에 서명을 요구했지만, 종업원들은 한국대사관 사람을 불러 달

멕시코에 가기 전까지 양현정 씨가 반려동물 옷을 디자인해 판매하던 쇼핑몰

라며 36시간 동안 버텼다고 한다. 함께 연행된 한국인 중 스페인어를 할 줄 아는 사람이 진술 내용과 다르게 문서가 작성됐다고 귀띔해 줬기 때문이라고.

현정 씨는 나중에야 전후 사정을 파악했다고 한다. 검찰은 종업원들만 조사할 뿐 현정 씨는 아무것도 못 하고 수갑이 채워진 채 앉아 있어야 했다. 멕시코 검찰은 현정 씨를 재우지도 않고 먹는 것도, 화장실에 가는 것도 못 하게 했다고 한다. 그렇게 이틀을 지내다 조사도 받지 않은 채로 바로 산타마르타 교도소로 옮겨졌다. 그때는 이미 현정 씨는 한국 마피아조직에 인신매매범, 성매매범이 돼 있었다

어느 때보다 대사관이 나서야 할 상황이었다. 그러나 오히려 현정 씨의 구금기간이 길어진 데 일조한 곳이 대사관이라는 황당한 사실도 드러났다. 종업원들이 36시간을 버티다 최초 진술서에 서명하게 된 까닭이 우리 대사관의 경찰영사 때문이라고 했다. 실제 종업원들은 탄원서에 "믿었던 영사님마저 저희에게 서명을 강요했다"고 썼다.

그 영사는 처음에는 "종업원들의 자의적 판단에 따른 결정이었다"고 전면 부인했다. 하지만 KBS 「'속았다'는 멕시코 영사… 시간 달라는 외교부」 보도에 따르면, 검사가 영사에게 "한국인 여성들이 진술서에 서명하도록 설득해 달라. 그러면 2차 진술 때 공관 통역과 함께 사실 그대로 진술하고 그 진술서를 교체하는 것을 약속하겠다"고 했다는 것이다. 영사는 뒤늦게야 "나도 속았다"고 말을 바꿨다. 하지만 그런들 달라지는 건 없다. 그의 진술로 현정 씨가 감옥에 수감됐고 오랜 기간 먼나면 땅 감옥에 갇혀 있어야 했다는 사실은 변하지 않기 때

문이다.

건강 악화가 우려된 양현정 씨, 조속한 석방이 필요했다

말도 통하지 않아 누명을 쓰고 교도소에 수감된 현정 씨. 수감 생활
도 녹록지 않았다고 했다. 현정 씨가 구금돼 있던 여성 교도소 '산타마
르타 아카티틀라'는 멕시코시티에서 가장 위험한 범죄 지역에 있었
다. 특히, 햇볕도 들지 않는 공간에 있었다는 현정 씨. 그 자체로 위협
적으로 느껴지는 곳이었을 것이다. 그런데 해당 교도소는 마약 유통
과 흡입 또한 자유롭게 이뤄지고 있다는 게 현정 씨의 설명이다.

"이곳은 마약이 너무나도 흔합니다. 경찰들에게 돈을 조금 주면 마약
을 하든 뭘 하든 상관 안 하고 지나치고, 하물며 경찰이 마약을 들여와
판매하기도 합니다. 제 방과 마주하고 있는 제소자들은 하루 종일 마약을
합니다. 종류도 다양하게…. 좁은 공간이고 항상 프로텍시온(별도 보호가
필요한 제소자들이 있는 공간)은 문이 잠겨 있기 때문에 그 이상하고 쾨쾨한
냄새 때문에 머리가 아프고 구토 증상이 있어도 피할 방법이 없습니다. 예
전에 문이 잠긴 상태에서 앞방에서 마약을 하려다 몇 번 불이 난 적이 있
었는데 저희 방까지 연기가 자욱해서 자고 있던 다른 제소자들도 일어나
경찰을 목 놓아 불렀습니다. 하지만 1시간이 훌쩍 지난 후에 경찰이 올라
왔고 '무슨 일이냐', '별일 아니다'라며 그냥 돌아갔습니다. 몇 번 이런 일
을 당하다 보니 어디에서 냄새가 난 듯하면 자다가도 벌떡 일어나 그때 생

각에 공포에 떨기도 합니다.”

– 2017. 6. 21. KBS 보도, 양현정 씨가 KBS 제작진에 보낸 메모[9]

‘한시라도 빠르게 현정 씨를 감옥에서 데리고 나와야겠다’고 생각
했다. 그 시기 20대 국회 첫 국정감사를 앞둔 때였다. 먼저 멕시코를
포함한 미주대륙 국감반을 지원했다. 그리고 함께 현정 씨를 도울 사
람들을 수소문했다. 영화 〈집으로 가는 길〉을 제작한 방은진 감독에
게도 연락을 취했다. 그렇게 본격적으로 ‘교민 인권 챙기기’ 국감 준
비를 시작했다.

무엇보다 현정 씨가 잘 버텨 주길 바랐다. 가장 필요한 건 그에게 보
호해 줄 ‘국가가 있다’는 걸 보여 주는 거였다. 국감에 출석할 증인으
로 주멕시코 대사와 문제의 영사를 신청해 놓고 현정 씨 면회 절차를
확인해 둔 이유였다. 한국 국회의원들이 면회를 가면 멕시코 교도소
에서 그의 건강 등 여러 가지 부분에서 조금이라도 신경 써 주길 바라
는 마음도 컸다. 그런데 안타깝게도 국감을 코앞에 두고 ‘외교통일위
원회’에서 ‘미래창조과학방송통신위원회(현 과학기술정보방송통신위원회)’
로 자리를 옮기게 됐다. 결국 현정 씨를 직접 만나 도움을 줄 수는 없
게 됐다.

그러나 동료 의원들이 있었다. 당시 외교통일위원회 심재권 상임
위원장과 더불어민주당 설훈 선배 의원들께 현정 씨를 꼭 챙겨 달라
고 부탁드렸다. 14시간의 시차를 넘어 현지 교민들과 연락하며 확인

---

9) 2017년 6월 21일, KBS 「“아직도 여기 있어요”… ‘멕시코 옥살이’ 최종 판결」 기사 중.

한 사실들과 자료들도 모두 건넸다. 그리고 두 분이 실시간 통화를 해가며 현정 씨 사건을 성의 있게 챙겨 주었다. 아주 진한 동료애를 느꼈었다. 쉽지 않은 일이다. 초선 비례대표 의원이 발굴한 의제였다. 당도 달랐다. 특히, 설훈 의원은 본인이 준비한 국감이 있었음에도 불구하고 '걱정 말라', '(추 의원이) 준비해 놓은 만큼 잘하겠다'며 많이 도와주셨다. 현정 씨에 대한 면회 역시 설훈 의원이 아니었으면 불가능한 일이었다. 진심으로 감사의 인사를 드리고 싶다.

"저는 8개월째 악몽 속에 살고 있습니다. 차라리 꿈이 현실 같고 현실이 악몽 같습니다. 지금 제게 가장 하고 싶은 게 뭐냐고 묻는다면 가족과 함께 이야기를 하며 따뜻한 밥을 함께 먹는 겁니다. (중략) 요즘은 죽음보다는 살려고 노력하고 있습니다. 약을 먹으며 잠을 청하고, 소화제를 먹으며 꾸역꾸역 음식을 입에 집어넣고 있습니다. (중략) 이제 곧 추석입니다. 아빠가 돌아가시고 더욱 어린 애가 되어 버린 아픈 엄마…. 전화하면 울며 제 이름만 부르십니다. 제가 이곳 교도소에 있는지도 모르는데 엄마는 제가 말을 하지 않아도 저의 고통을 느끼시나 봅니다. 이번 추석에는 엄마에게 어떤 거짓말로 못 간다 안심을 시켜 드려야 할지, 아니 전화라도 할 수 있을지 벌써부터 한쪽 가슴이 먹먹해집니다."

–2016. 8. 12. 양현정, 〈아시아엔〉에 보낸 옥중편지[10]

그러나 상황은 녹록지 않게 돌아갔다. 멕시코 연방법원은 2016년

---

10) 양현정 씨가 〈아시아엔〉에 보낸 옥중편지 중.

양현정 씨 석방 촉구 기자회견에 설훈 의원과 방은진 감독이 선뜻 함께해 주셨다(2017. 8. 20.)

10월 4일(국정감사 기간) 현정 씨가 제기한 이의제기(암파로: 구속기소 등의 적법성을 다투는 한국의 헌법소원과 유사한 제도)를 받아들였다. 양 씨의 구속기소가 법적 효력이 없다는 결론이었다. 하지만 멕시코 검찰이 항고 결정을 내렸다는 소식이 함께 전해졌다. 검찰의 '항고'의 가장 큰 근거는 대한민국 영사가 "속아서 썼다"던 진술서였다. 한숨이 저절로 나왔다. 도대체, 재외국민들은 누구를 믿어야 하는 것인가.

그렇게 또 해를 넘기고 여름이 왔다

현정 씨의 구속 상태는 그렇게 해를 넘겼다. 그리고 다시 여름. 3차례의 구속적부심에서 현정 씨에 대한 '구속 연장' 결정이 내려졌다. 납득할 수 없었다. 안타깝게도 구속 연장이 될수록 그의 건강도 악화되었다. 다시 한국 내 여론화 작업이 필요했다. 국회에서 기자회견을 연 까닭이다. 감사하게도 현지에서 현정 씨를 직접 만나고 온 더불어민주당 설훈 의원과 새로운 영화 촬영에 들어가 바쁜 방은진 감독도 한걸음에 달려와 줬다.

"최근 3차 구속적부심에서는 형사법원 판사가 이해할 수 없는 행동을 했습니다. 현지 시각으로 8월 4일 오전에 양현정 씨가 법원에 출석해 적부심 판결을 받을 예정이었습니다. 그런데 전날 갑자기 저녁에 판사가 구치소를 찾아와서 현정 씨를 면회한 자리에서 변호인도 물론 입회하지 않은 상황에서 구속 연장 결정을 통보했다고 합니다. 이는 중대한 인권침해

일 뿐 아니라 대한민국 국민에 대한 최소한의 예의도 지키지 않은 처사입니다."

_2017. 8. 10. 추혜선, 양현정 씨 석방 촉구 기자회견

설훈 의원은 멕시코가 당국 검찰의 실수를 두둔하기 위해 현정 씨를 무리하게 구속해 놓고 있는 것이 아니냐는 의심이 든다고 말했다. 매우 일리 있는 분석이었다. 나 역시 그렇게 생각하고 있기도 했다. 그만큼 한국 정부 또한 더 적극적인 자세가 필요했다.

"2016년 1월 중순에 체포됐으니까 1년 7개월이 되어 갑니다. (그럼에도 불구하고) 1심 재판도 지금 진행이 안 되고 있는 겁니다. 양현정 씨를 체포할 때, 복면을 쓰고 기관총을 든 검찰 측이 들이닥쳤습니다. 성매매 집단의 한인마피아단이라고 오인했기 때문입니다. 그런데 전혀 아니거든요. 양현정 씨는 두 달 예정으로 멕시코에 가 있었습니다. 그리고 출국하기 위해서 티켓도 끊어 놓은 상태였습니다. 그런데 3차 구속적부심까지 구속 연장된 것은 검찰 측의 잘못을 두둔하기 위함이 아닌가 하는 생각도 듭니다. 더군다나 현장 교도소에 가서 국정감사를 치르며 양현정 씨를 만나고 했음에도 도대체 먹혀 들어가지 않습니다. 이 점에 대해선 분노를 금할 수 없습니다. 한인에 대해 제대로 된 재판도 없이 1년 7개월 구금상태로 있다는 것은, 이건 우리 대한민국 입장에서 이제부터는 분노해야 할 사항이라고 저는 생각합니다."

_2017. 8. 10. 설훈 더불어민주당 국회의원, 양현정 씨 석방 촉구 기자회견

양현정 씨 석방 촉구 기자회견(2018. 8. 20.)

영화 〈집으로 가는 길〉을 연출한 방은진 감독의 심경은 이루 말할 수 없었다. 방 감독은 무엇보다 달라지지 않는 한국 정부의 대처에 대해서 누구보다 답답함을 가지고 있었다.

"작년만 해도 가을에 돌아온다, 아니면 연말에는 돌아오겠지, 아니면 해는 넘기나 보다라고 생각했습니다. 너무 통탄할 일이고 개탄할 일입니다. 영화 〈집으로 가는 길〉을 만들었던 건 다시는 이런 일이 반복되지 않기를 바라는 간절한 마음에서였습니다. 당시 영화화를 허락해 주셨던 장미정 씨 역시 같은 마음이었습니다. 그런데 〈집으로 가는 길〉이 개봉한 당시에는 그 첫째 딸이 자라서 초등학교에 들어갔을 때였습니다. 그리고 어머니가 범죄자라는 사실을 영화를 통해서 알게 됐던 것이죠. 그래서 학교를 전학 가야 하는 상황까지 생겼었습니다. (그만큼) 양현정 씨에게 '견뎌라'라는 차원이 아니라 한 개인에게 엄청난 트라우마를 남기는 일입니다. 물론, 외교업무 중요합니다. 하지만 문재인 대통령께서 늘 말씀하셨던 '사람이 먼저'입니다. 한목소리로 한 사람의 국민이 다시 대한민국 품으로 돌아올 수 있도록 해 주시기 바랍니다."

_ 2017. 8. 10. 방은진 감독, 양현정 씨 석방 촉구 기자회견

현정 씨는 우리 기자회견이 있고 나서도 오랫동안 수감돼 있어야 했다. 그리고 2019년 3월 12일(현지시각) 석방됐다. 수감된 지 3년 2개월 만의 일이었다.

그사이에 멕시코 외교장관과 상원 외교위원장, 인권위원장에게 현정 씨의 석방을 촉구하는 공문을 보냈다. 그 후에는 멕시코 검찰과 법

원이 내정간섭이라 여길까 봐 조심스럽다는 현지 교민들의 말에 답답한 마음으로 소식만 확인하며 가슴을 졸여야 했다.

'촛불', 한국 정부는 얼마나 달라졌나

촛불 이후, 정권이 교체됐다. 국민들의 정부에 대한 기대도 높았던 게 사실이다. 그래서 더 묻고 싶다. "왜 현정 씨는 3년 2개월이나 멕시코 감옥에 갇혀 있어야 했나요?"

방은진 감독의 말대로 외교라는 게 참 쉽지 않다. 멕시코 당국의 심기도 살펴야 하고 눈치도 봐야 한다. 그럼에도 불구하고 문재인 정부가 보여 준 모습에 실망하지 않을 수 없었다. 양현정 씨 사건은 재외국민의 시각에서 상징적 인권 문제로 떠오른 사건이었다. 그런 점에서 한국 정부가 반드시 조속히 해결했어야 했다. 하지만 초동 대처에서부터 안이했고 문제가 된 경찰영사에 대한 처벌도 솜방망이에 불과했다. '감봉 1개월'이 뭔가. 그럼에도 불구하고 그는 '징계취소' 소송을 제기하기도 했다. 기가 찰 노릇이었다.

현정 씨 사건으로 멕시코 교민사회가 한국 정부를 바라보는 시각이 나빠졌다고 들었다. 그렇지 않아도 교민사회에서 대사관의 위치가 '군림'하고 있다는 평가가 많았다. '촛불' 이후 탄생한 정부에서조차 제 역할을 못하고 있다는 데에 교민사회가 들썩였다.

시대가 바뀌었다. 그러면서 드러나 있지 않았던 개혁의 대상들이 드러나고 있는 것이다. 자연의 섭리와 같다. 모래알이 파도에 쓸려 그

밑에 박힌 돌들이 드러나듯 말이다. 대사관 역시 개혁의 대상이라는 사실이 현정 씨 사건으로 더욱 명확해진 것이다.

현정 씨를 한 번도 만나 본 적은 없다. 건강이 많이 안 좋다는 얘기를 들어서 늘 마음이 걸려 한국에 돌아왔을 때 곧바로 찾아뵙고 싶고 사죄의 마음을 전하려고 했었지만 참았다. 그에게 부담을 주고 싶지 않았기 때문이다. 시간이 지나면 얼굴 마주하고 "죄송하다"는 말을 꼭 전하고 싶다. 국회가 너무 무력해서 미안하다고 말이다. 다시 한 번 묻고 싶다. "가족을 만나게 해 주세요"라는 현정 씨의 눈물 속 요청에 대한민국 정부는 무엇을 했나. 그는 왜 3년 2개월의 억울한 옥살이를 해야만 했는가. 현정 씨 사건만 생각하면 영화 〈집으로 가는 길〉 전도연 씨의 대사가 귓가에 맴돈다. "저는⋯ 집으로 가고 싶습니다"라는 울분. 그리고 "여보, 나 이 악몽에서 깨고 싶어"라는 좌절. 대한민국은 얼마나 달라졌습니까?

장애벽허물기 김철환 활동가를 만나다

Q 추혜선 의원을 어떻게 만나게 됐는지 궁금하다.

김철환 1998년 김대중 대통령이 당선되고 「방송법」을 전면 개정하며 언론개혁에 나선 적이 있었습니다. 그때 방송개혁위원회가 꾸려졌어요. 그 당시 저는 장애인 인권 운동을 하며 '장애인방송(=수어방송 등)'이 필요하다고 많이 느끼고 있었어요. 그래서 「방송법」 개정한다고 하니 같이 해 볼 수 있겠느냐고 언론개혁시민연대에 자문을 구했었습니다. 현재 「방송법」 제69조(방송프로그램의 편성 등) "방송사업자는 장애인의 시청을 도울 수 있도록 한국수어·폐쇄자막·화면해설 등을 이용한 방송을 하여야 한다"는 조항은 그때 만들어진 것이죠. 그 당시에는 관련 단체들과 전혀 연대한 적이 없었음에도 불구하고 언론개혁시민연대에서 잘 챙겨 주셨습니다. 장애인방송 법 조항에 대해 막판에 논란도 있었나 보더라고요. 그때에도 언론개혁시민연대가 강하게 밀어붙여서 법안으로 들어가게 된 것으로 알고 있습니다. 그것은 장애계에서는 역사적인 사건이었습니다. 그동안은 장애인방송이 '시혜적인 차원'으로 이뤄진 측면이 컸었거든요. '장애인의 날'이니까 수어통역 하나 넣어 준다는 식이었던 거죠. 그런데 법 조항은 방송사업자로 하여금 의무를 둔 것이고 장애인 복지 측면으로 한 발 나아간 거였습니다. 그 당시 소통해 주신 분이 추혜선 의원이었습니다. 그 후 이명박 정부 출범을 앞두고 언론장악이 우려됐던 터에 출범(2008년 1월)했던 미디어행동 활동을 하면서 인연을 이어 갔고요.

Q 그런 추혜선 의원이 국회의원이 됐다.

김철환 미디어행동도 해산되고 나서는 언론개혁시민연대-추혜선 의원과도 긴 시간 교감할 수 있는 게 없었습니다. 저는 다시 장애계로 돌아가 그 영역에서 활동을 했고요. 그런데 정의당 국회의원으로 국회에 입성하셨다고 하더라고요. 그때 한번 찾아가 볼까 했는데, 못 했어요. 제가 정의당 당원이라 공식행사에서 여러 번 통역을 했었거든요. 아마 추혜선 의원님은 저를 많이 봤을 것 같아요. 그런데 또 시간이 지나니 인사드리기도 뭐하고 의원 됐다고 아는 척하는 것 같아서 그것도 좀 그렇고 해서 일부러 사무실에 안 찾아갔었죠. 그러다가 장애계에서 법안을 처리할 일이 생겼던 것입니다. 노회찬 의원님이 장애인 인권 관련해서 의지가 강했습니다. 그래서 그분과 함께 선거법 하나 개정안 작업을 하기도 했습니다. 선거방송의 경우, 수어통역을 두도록 했는데, 여러 사람이 토론자로 나왔을 때에도 수어통역을 한 사람이 2시간씩 하고 있는 상황이거든요. 그러다 보면 정보 전달력이 떨어지고 다양한 색깔을 내기도 어려운 거죠. 그래서 최소한 2명 이상의 통역사를 배치해야 한다는 게 주요 골자였습니다.

그 부분에 노회찬 의원님이 동의해 주셨던 것입니다. 그 밖에도 수화언어법 개정안 작업도 있었고요. 그리고 마지막으로 「영화 및 비디오물의 진흥에 관한 법률」(약칭 영화비디오법) 개정안을 두고 어떤 의원실에 부탁을 할까 하다가 추혜선 의원님이 미디어 전문가이시니 연락을 드리게 된 것입니다. 그때 정말 오랜만이었어요. 그런데 추혜선 의원님이 제 활동을 잘 보고 있었다고 말씀해 주시더라고요.

Q 영비법 개정안을 논의하면서 국회 정론관에서의 '수어통역' 얘기가 나온 건가?

김철환 추혜선 의원이 「영화비디오법」 개정안 관련 회의를 하는데 국회 정론관 기자회견 시에 수어통역을 세우고 싶다고 말씀하시더라고요. 저는 처음에는 흘려들었어요. 그런데 관련 말씀을 계속하시고 의지도 강하셔서 깜짝 놀랐습니다. '하시죠. 전 좋습니다'라고 답했습니다. 그렇게 추혜선 의원님의 기자회견 시 통역사가 배치되기 시작했던 것입니다. 그것은 굉장히 용기 있는 행동입니다. 쉽지 않죠. 비장애인들의 입장에서 자칫 잘못하면 소모적인 쇼라고 보일 수도 있거든요. 그런데 청각장애인들에게는 알 권리 보장 측면에서 상징적인 의미가 큰 것입니다. 추혜선 의원이 어려운 칼을 빼 든 것 같아 너무 고마웠습니다. 그것을 계기로 국회의장실에서도 관심을 갖고 있는 것으로 알고 있습니다. 추혜선 의원님이 수어 제공 관련해서 법 개정안도 준비하고 계시거든요. 설마 그 정도까지 하실 거라고는 생각하지 못했는데…. 너무 고맙죠.

"한국수화언어법, 국회에서부터!" 국회의사당 기자회견장 등에 수어통역 실시요청 청원 발언을 하고 있는 김철환 활동가(2019. 7. 19.)

Q 장애인들의 미디어 접근권 관련해서 어떤 측면에 대한 개선이 더 필요하다고 보나?

김철환 「한국수화언어법」이 제정됐습니다. 미진한 측면도 있지만 그 의미는 큽니다. 뭐냐 하면, 한국어와 수어가 동등한 언어의 지위를 갖는다는 것이기 때문입니다. 한국 내 2개의 언어가 생기는 거죠. 그런데 현재로서는 '법 조항'으로만 한정된 느낌이 큽니다. 그것을 실생활에서 풀어 가려면 상징적인 곳에서 움직여 줘야 하거든요. 입법기관에서는 추혜선 의원이 그 역할을 해 주신 것이고요. 향후 국회 홈페이지나 국회방송에서도 통역 등 소수자들을 위한 전달 체계가 마련되어야 할 것이라 생각하고 있습니다. 문제는 행정기관입니다. 청와대에서 1년에 한두 번이라도 수어통역사를 대동한 기자회견을 해 준다면 또 다른 상징이 될 것이라고 생각합니다. 그 밖에 통역사의 지위도 향상되어야 하는 등의 여러 가지 뒷받침도 필요한 상황입니다. 그런 부분에서도 많은 관심을 가져 주시면 감사하겠습니다.

Q 왜 정의당일까?

김철환 민주노동당 시절부터 당원이었어요. 미국산 쇠고기 파문 당시 통역도 계속했었고. 장애인 단체에서 활동하고 있지만 국회 내 진보적인 목소리를 낼 수 있는 공간은 매우 소중합니다. 정의당은 작지만 지역 조직이나 인적 구성을 보면 탄탄한 조직이에요. 장애만이 아니라 소수자에 대한 감수성도 다른 당보다는 높은 편이고요. 그런 부분에서 정의당 소속 국회의원들의 마인드도 다른 측면이 강해요. 소수자 인권 교육을 꾸준히 받고 있기도 하고요. 특별한 계기라기보다는 그런 과정에서 소통을 많이 하려고 하니 정의당과 같이 일을 많이 하게 되는 거죠. 물론, 현재의 여당인 더불어민주당 내에도 훌륭한 국회의원들이 많지만 여전히 소수자 인권 부분에서는 아쉬운 점들이 있습니다. 소수자 영역을 더 키워 주면 좋을 것 같아요.

Q 옆에서 지켜본 추혜선 의원은 어떤 사람인가?

김철환 바쁜 사람입니다. 처음에는 '운동할 사람으로 보이지 않는데…'라고 생각했습니다. 겉으로 보기엔 강해 보이지 않으니까요. 그런데 보면 볼수록 심지가 강한 사람이라고 느껴지더라고요. '추혜선'이라고 하면 저에게 강한 기억으로 남아 있는 게 있어요. KBS 본관 시청자광장에서 수신료 인상 반대 기자회견을 하다가 청경들의 과격한 진압으로 허리 부상을 입고 언론개혁시민연대 소파에 누워 있던 장면이 그것입니다. 그걸 보면서, '아 대단한 사람이다'라고 생각했어요.

Q 추혜선 의원에게 해 주고 싶은 말이 있다면?

김철환 가능하면 계속 의정활동을 해 주셨으면 좋겠습니다.

인터뷰 정리_ **권순택**(언론개혁시민연대 활동가)

4장

이웃과 함께
웃기 위하여

살기 위한 '숨'을 쉬고 싶다는 사람들을 위하여

"죽기 위해서 숨을 쉬는 게 아니라 살기 위해서 숨을 쉬고 싶습니다."

연현마을에 사는 한 주민의 눈물. '숨'은 생존을 위한 조건인데 연현마을 주민들에게 '숨'은 정반대의 의미로 받아들여진다고 했다. 안양 석수2동에 위치한 연현마을에는 아스콘을 만드는 제일산업개발이라는 공장이 위치해 있다. 아스콘이란, 석유 정제를 하고 남은 찌꺼기에 모래 등과 같은 골재를 섞어 만드는 것으로 도로 포장재로 많이 쓰인다. '아스팔트 콘크리트'라는 용어가 더 일반적으로 쓰이기도 한다. 이 아스콘을 만드는 제일산업개발 공장 굴뚝에서 1급 발암물질로 분류되는 벤조A피렌과 다환방향족탄화수소류(PAHs)가 검출됐다. 2017년 3월 경기도가 실시한 조사 결과였다.

연현마을은 아스콘 공장에서 발암물질이 검출되기 이전부터 '먼지', '소음', '악취' 등의 문제로 민원이 고질적으로 제기돼 왔던 곳이다. 내가 안양지역에 들어가 처음으로 맞닥뜨렸던 지역 현안은 이 연현마을 건강권 문제였다.

연현마을에는 무슨 일이…

제일산업개발이 이곳에서 터를 잡고 아스콘을 만들기 시작한 때는 1987년으로 거슬러 올라간다. 연현마을이라는 이름조차 없었던 때였다. 그런데 도시의 공간이 확대됐다. 아스콘 공장 주변이 개발되고 아파트 단지가 들어섰고, 주민들이 입주했다. 2002년의 일이다. 그때부터 아파트 주민들의 '악취'에 대한 민원도 함께 시작됐다. 연현마을 주민들의 싸움은 이미 그때 시작됐던 것이다.

해결되는 건 없었다. 그렇게 시간이 흘러갔다. 그러자 마을 주민들의 건강에서부터 문제가 드러나기 시작됐다. 잦은 기침, 습관성 폐렴, 천식, 아토피, 비염은 기본이었다. 보다 심각하게는 다발성 유방종양, 갑상선 물혹, 자궁 근종, 자궁 변형, 유산 등의 증상을 호소하는 분들이 늘어 갔다. 제일산업개발에서 발암물질이 검출된다는 사실이 확인된 것은 2017년. 주민들은 15년을 그 같은 사실을 모른 채 살아가고 있었다는 말이 된다. 주민들의 말마따나 숨을 쉬며 죽어 가고 있었던 셈.

"안녕하세요. 저는 연현초등학교에 다니고 있는 이희진입니다. 사실 저는 6개월 전까지만 해도 제일산업의 존재를 모르고 있었습니다. 하지

248

연현마을 환경특별단속 현장사무소를 찾아 '건강한 연현마을을 위한 부모모임'과 간담회를 가졌다(2018. 5. 17.)

만 학교 근처에 공장이 있다는 사실은 짐작할 수 있었습니다. 왜냐하면 점심시간에 닦은 사물함 위는 두 시간 만에 까만 가루와 먼지가 덮여 있고, 문을 열면 윙 하는 소리와 쾨쾨한 냄새가 났기 때문입니다. 한 번은 눈이 오는 날 놀고 있는데, 아무도 밟지 않은 눈 위에 회색의 무언가가 쌓여 있는 걸 본 적도 있습니다. 얼마 뒤 제일산업개발이라는 아스콘레미콘제조운반업체가 있다는 걸, 그곳에서 발암물질인 벤조피렌과 신경손상을 주는 물질들을 배출하고 있다는 충격적인 사실을 알게 되었습니다. 그리고 대기환경보존법에 위 물질 기준수치가 정해져 있지 않다는 것을 알고 분노할 수밖에 없었습니다. 어떻게 국가에서 지정한 발암물질 기준이 없지? 이것도 국민의 건강에 신경 쓰는 건가 하고 말입니다."

_2018. 3. 14. 이희진 연현초등학교 학생, 정론관 기자회견

무엇보다 아이들의 건강이 걱정됐다. 연현초등학교는 제일산업개발과 200미터도 채 되지 않는 거리에 위치해 있었다. 연현마을 주민들이 아스콘 공장을 두고 싸울 때 최우선으로 두었던 부분도 '아이들의 건강권'이었다고 한다. 2017년 11월 10일, 경기도가 제일산업개발의 아스콘 공장 가동 중단을 명령한 이유이기도 했다. 「교육환경법」상 교육환경보호구역 내 대기환경보전법에 금지하는 대기오염물질을 배출하는 시설의 설치를 금하고 있다.

내가 연현마을 사태에 관심을 갖기 시작한 계기는 한 기자와의 인터뷰였다. 지역 언론인 〈경기브레이크뉴스〉 이성관 기자는 안양지역의 최대 현안으로 '연현마을 아스콘 공장' 문제를 거론하며 주민들을 직접 연결해 주었다. 당시 나는 정의당 경기도당 안양시위원회 위원

장을 맡고 있었다. 정의당은 환경과 생태의 가치를 중요하게 여기는 정당이지 않은가. 선거철에만 반짝이는 게 아니라 일상적인 환경과 생태의 가치를 받아들이고 있었다. 연현마을 문제는 당연히 관심을 가지고 주요 의제로 삼았다. 무엇보다 주민들의 눈물 어린 싸움이 계속되고 있었고, 연현마을 사건을 접하고 제일 마음이 쓰인 것도 그 부분이었다. 다행히 주민들도 나를 따뜻하게 맞아 주셨다.

연현마을 사태는 심상치 않게 돌아갔다. 1급 발암물질 벤조A피렌 등의 배출로 인해 가동 중단됐던 제일산업개발이 '악취저감시설'을 설치하고 경기도에 공장 재가동 신청을 했던 터였다. 경기도에서는 「민원처리에 관한 법률」에 따라 해당 신청에 대해 답변을 해야 했다. 주민들의 건강권과 무관하게 공장이 재가동될지도 모르는 상황이었다. 2018년 3월 14일 국회 정론관에서 긴급하게 기자회견을 열었던 까닭이다. '이게 무슨 사태인가.' 한숨이 나왔다.

'건강한 연현마을을 위한 부모모임' 문소연 대표는 기자회견에서 "경기도는 15일(내일) 지체 없이 제일산업개발의 아스콘 공장 재가동 신청을 허락해 줘야 한다는 입장"이라고 토로했다. 그는 "아스콘 생산과정에서 발생되는 1급 발암물질 벤조A피렌은 배출 허용기준이 없기 때문에 제일산업개발이 재가동된다면 규제할 기준도 방법도 없는 상태"라고 설명했다.

> "제일산업개발은 2만여 명의 주민이 거주하고 있는 안양시 석수동에 위치해 있고 아스콘 공장과 연현초등학교, 연현중학교는 전국 61개소 아스콘 공장 주변 지역 중 제일 가까운 200미터도 안 되는 곳에 위치하고

"엄마! 발암물질을 마시고 싶지 않아요!" 동네에 현수막 걸기 캠페인을 연현마을 엄마들과 함께했다.

-국회에서 일하시는 모든 분들께-

안녕하세요? 저는 연현초등학교에 다니고 있는 이희진 입니다. 사실 저는 6개월 전까지만 해도 제일 산업의 존재를 모르고 있었습니다. 하지만 학교 근처에 공장이 있다는 사실은 짐작할 수 있었습니다. 왜냐하면 점심 시간에 닦은 사물함 위는 2시간만에 까만 가루와 먼지가 덮여 있고 문을 열면 "위이잉~"하는 소리와 퀴퀴한 냄새가 났기때문입니다. 한 번은 눈이 온 날, 놀고 있는데 아무도 밟지않은 눈 위에 회색의 무언가가 쌓여가는 것을 본 적도 있습니다. 얼마 뒤, "제일산업개발"이라는 아스콘, 레미콘 제조, 운반 업체가 있다는 것, 그 곳에서 발암물질인 벤조피렌과 신경손상을 주는 물질들을 배출하고 있다는 충격적인 사실을 알게 되었습니다. 그리고 대기환경보전법에 위 물질들의 기준 수치가 정해져있지않다는것을 알고 분노할 수 밖에 없었습니다. '어떻게 국가에서 지정한 발암물질의 기준이 없지? 이것도 국민의 건강에 신경쓰는 건가?' 하고 말입니다. 밤새 시의원들과 통화하시는 엄마의 전화기에서는 전혀 관련없는 얘기, 서로 미루려는 이기적이고 어이없는 대답만 들려올 뿐이었습니다. 국회의원, 시의원 여러분, 저희는 정말 간절합니다. 선거철 공약과 의미없는 연설에나 나오는 하찮은 문제가 아니란 말입니다! 이젠 더 이상 미루면 안 됩니다. 레미콘 차량때문에 위협받고, 분진, 소음, 악취로 고통받는 주민이 없어져야합니다. 3일 전인 3월 10일, 우리 주민 2천여명이 대규모 시위를 시행했을 때 저는 깜짝 놀랐습니다. 우리 초등학교와 공장은 130m도 채 안 되는 아주 가까운 거리였고 공장 근처에 도착하자 역겨운 냄새와 흙탕물이 가득했고 목과 코가 아팠습니다. 우리 모두 입을 모아, 마음을 모아 시위를 벌였지만 레미콘 차량과 덤프트럭은 아랑곳 하지 않고 쌩쌩 지나다녔습니다. 아마 저희가 2시간 시위를 벌이는동안 제일산업차량만 30대 이상 지나갔을 겁니다. 더 놀라웠던 것은 자신의 무죄를 주장하고 연현 주민들을 반박하는 내용의 현수막이었습니다. 공장직원들은 물론 그들도 누군가의 아버지고 남편이겠지만 이렇게 서로를 반박하고 정의롭지 않은 방법으로 방어하는 것은 아니라고 생각합니다. 국회의원님들은 이 곳이 모이지않는 문제를 해결해주십시오. 저희는 학교에서 "국회의원, 시의원은 조례와 법안을 개정, 폐지할 수 있다"고 배웠습니다. 제발 현명하고 지혜롭게 판단하셔서 다시 검토하고 판결을 내려주시기바랍니다. 존경하는 우리 국회의원, 각 부 장관님들, 부디 우리 연현 마을과 제일산업 모두를 위해 힘써주시기바랍니다! 감사합니다. 안녕히계세요.

2018. 03. 13 (화)

-제 가족과 친구들이 건강해지길 바라는 이희진 올림-

"점심시간에 닦은 사물함 위는 2시간 만에 까만 가루와 먼지가 덮여 있고 문을 열면 '위이잉~' 하는 소리와 쾨쾨한 냄새가 납니다." 연현초등학교 이희진 학생이 직접 써서 2018년 3월 14일 정론관에서 낭독한 편지.

있습니다. 이 같은 사실을 번히 알고 있는 경기도와 안양시가 민원처리에 관한 법률을 이유로 재가동을 허락한다면 이는 연현마을 주민의 생명과 건강보다 법률의 글자가 더 중요하다고 여기는 처사입니다. 부디 정부와 경기도 안양시는 규정을 넘어 정의를, 법규를 넘어 생명을, 규칙을 넘어 건강을 중심에 두고 다시 한 번 신중히 판단해 주시길 부탁드립니다. 2만여 명의 석수동 주민들 저희는 지난 34년 동안 아스콘레미콘에서 나오는 분진, 악취, 비산먼지 등을 맡으며 살아왔고 지금까지 살고 있습니다. (중략) 제발 '법대로 했다, 규정대로 할 수밖에 없다'는 답으로 주민을 버리지 말아 주십시오. 재가동이 되고 나면, 업체가 이전할 때까지 10년이고 20년이고 저희는 그냥 저희 아이들과 자신을 매일 조금씩 죽이는 삶을 살아야 합니다."

_2018. 3. 14. 문소연 건강한 연현마을을 위한 부모모임 대표, 정론관 기자회견

이 같은 주민들의 우려에도 경기도는 결국 제일산업개발 아스콘 공장의 재가동을 허가했다. 제일산업개발 측은 "재생 아스콘 공장은 폐쇄됐고, 신생 아스콘 공장은 벤조피렌 방지시설(=악취저감장치)이 설치돼 문제가 없다"는 입장이었다. 하지만 주민들은 안전을 믿을 수 없었다. 당연한 의심이었다. 연현마을에 또다시 먹구름이 끼기 시작했다. 3천여 명이 넘는 마을 주민들이 촛불을 들고 거리에 나왔다. 아무것도 모른 채 발암물질에 노출돼 있던 주민들의 화가 폭발했던 것이다.

이에 경기도는 지역 주민과 안양시, 제일산업개발이 참여하는 4자 협의체를 구성해 해결 방안을 찾았으나 쉽지 않았다. 지역 주민과 제일산업개발 양측의 입장이 극명하게 갈렸기 때문이다. 주민들 역시

제일산업개발을 측은하게 생각했던 부분도 있었다. 그린벨트로 묶여 있던 공장부지를 풀어 주자고 먼저 제안한 쪽도 주민들이었다. 그만큼 공장 측의 손실 보전까지 고려한 대안 제시였지만 제일산업개발 측이 받아들이지 않았다. 안양이 교통의 요충지였기 때문이라는 게 주민들의 해석이다. 그렇게 연현마을 사태는 지지부진한 듯했다.

그런 상황에서 정치 환경이 바뀌었고, 연현마을 사태는 해결의 실마리를 찾았다. 이재명 지사가 당선되면서 경기도가 제일산업개발 아스콘 공장 부지를 공공주택지구로 지정해 개발하겠다고 밝혔기 때문이다. 경기도의회는 2019년 4월 본회의를 열어 경기도시공사가 제출한 '안양 연현 공공주택지구 신규투자사업 추진안'을 의결했다.

추진안에 따르면, 경기도는 2023년 3월 부지 조성을 완료할 것으로 알려졌다. 해당 사업에는 면적 11만 7,700여 m^2의 연현마을 공영개발 지구에 용지비 957억 원, 조성비 447억 원, 기타 301억 원 등 모두 1,705억 원이 투입돼 개발될 예정이다. 해당 공공주택지구를 통해 공공임대 430가구, 공공분양 263가구, 일반분양 494가구 등 총 1,187가구가 건설될 계획이며, 입주는 2025년 상반기가 될 것으로 추정된다.

연현마을 사태 해결에 '주민'들이 있었다

연현마을 발암물질 배출 사태에 대한 대응은 사실 주민들이 하나부터 열까지 모두 만들어 낸 것과 다름없다. '건강한 연현마을을 위한 부모 모임'의 역할이 무엇보다 컸다. 진심으로 박수를 보내고 싶다.

"발암물질 배출 공장 즉각 이전하라!" 건강한 연현마을을 위한 부모모임 기자회견(2018. 3. 14.)

'건강한 연현마을을 위한 부모모임'은 2017년 12월 아스콘 공장 문제를 공론화하는 간담회를 통해 자발적으로 결성됐다. 주민들은 경기도-안양시는 물론, 국회, 언론사 등 문제 해결을 위해 사방을 뛰어다녔다. '벤조A피렌은 배출 허용기준이 없다'는 법의 허점 문제를 공론화시켰다. 그로 인해 정부는 관련 기준을 만들기로 했다. 학교 주변 유해 시설의 문제를 사회에 던지기도 했다.

연현마을 사태가 이만큼 언론과 정치권의 주목을 받게 된 것 또한 주민들의 싸움이 없었다면 불가능했다. 내가 연현마을에 관심 갖게 된 까닭 역시 마찬가지다. 황정민 씨의 유명한 수상소감인 '숟가락만 얹었다'는 말이 떠오르는 이유다.

이 같은 연현마을 아스콘 공장 사태는 나에게 많은 것들을 일깨워 주었다. 주민들에게 작은 힘이라도 보태겠다고 현수막을 걸었는데 일부 주민들이 '집값 떨어진다'고 도당에 항의 전화를 했다. 지역 사안이더라도 내용에 따라 주민들 간 입장이 갈릴 수 있음을 뼈저리게 느꼈다. 어떻게 대처해야 할지 많이 고민하고 나서 얻은 결론은, 그럼에도 불구하고 중요한 가치가 무엇인지를 두고 충분히 설득해야 한다는 사실이다. 연현마을 싸움의 결과는 어떠한가. 건강한 연현마을을 만들기 위해 주민들은 싸웠다. 그리고 공공주택지구로 지정되면서 아파트 가격 또한 다시 상승세로 돌아섰다. 어떤 상황이라도 묘책은 가능하다.

연현마을은 '지역 의정활동'의 중요성을 깨닫게 해 주었다. 연현마을 아스콘 공장 재가동 반대 운동에 함께하면서 결과적으로 안양시 내 소수 정당이었던 정의당의 인지도가 올라갔다는 얘기를 주변으로부터 많이 들었다. 지역 주민들과 함께한 만큼, 그보다 더 많은 것들을 돌려받았다. 무엇보다 흐뭇했던 장면이 있다. 연현마을 주민들이 정의당 이정미 대표가 '연동형비례대표제 도입'을 주장하며 단식할 때 국회에 지지 방문을 와 주셨다. 지역 주민과 함께 호흡하고 있다는 느낌을 받았다. '아, 지역 의정활동이라는 게 이런 것이구나'를 처음 경험했다. 지역 주민과 당이 함께하고 있다는 느낌. 같이 성장하고 발전할 수 있다는 기대. 그리고 황홀함.

연현마을 사태는 어느 도시에서나 발생할 수 있는 문제였다. 아스콘 공장은 외곽 지역에 위치하고 있었는데 도시계획에 따라 지역이 개발되면서 문제가 촉발되었다. 환경기준이나 주민들의 인식도 달라졌다. 시민들의 주거기준에 '환경'은 이미 중요한 가치가 되었다. 그러다 보면 갈등이 된다. 안양 석수동이 특수하기 때문에 벌어진 일이 아니라는 얘기다.

연현마을은 이제 상징이 됐다. 더 이상 '아스콘 공장'으로 인해 발암물질에 노출되었던 곳이 아니다. '건강권'을 두고 주민들이 저항했던 기록들이 역사에 남을 것이다. 그들의 투쟁이 한국 사회의 무엇을 바꿔 놓았는지 역시 기록될 것이다. 개인적으로 연현마을은 나에게 '지역 의정활동'을 어떻게 해야 하는지를 가르쳐 준 투쟁으로 가슴속에 남을 것 같다. "연현마을 엄마들, 감사합니다."

사람 사는
'골목'을 만들기 위한 방법

"밑 빠진 독에 물 붓기 아닙니까."

중소상공인·자영업자를 지원해야 한다고 하면 으레 나오는 말이다. 나는 이렇게 답한다. "우리가 그렇게 만들어 왔기 때문입니다." 정부의 자영업자 지원 대책은 그들의 비용부담을 줄이는 데 초점을 맞춰 왔는데, 그건 근본적인 대책이 될 수 없다. 이제는 자영업자들의 소득을 증대시킬 수 있는 진흥 정책이 필요한 시기다. '지역사랑 상품권'에 관심을 가졌던 까닭이다.

최저임금 인상을 두고 을과 을이 싸우면 안 된다

올해도 최저임금 인상이 주요 이슈로 떠올랐다. 고용노동부는 2020년 최저임금을 8,590원으로 확정, 고시했다. 경제성장률과 물가상승률의 합계보다 낮은 2.87% 인상. 그럼에도 불구하고 '업종·지역·규모별 최저임금 차등 적용'이 필요하다는 얘기부터 나왔다. '주휴수당'과 '현물 지급되는 숙박비'를 최저임금 산입 범위에 포함시켜 달라는 요청도 거세게 일었다. 모두 노동자의 실질 임금을 축소하는 내용들이다. 그에 편승한 보수 매체들은 '편의점 사장의 눈물' 프레임을 가져오기도 했다. 아마도 경총의 이 같은 요구는 앞으로도 계속될 것이다. 매년 되풀이되는 싸움.

최저임금의 정의부터 따져 봐야 한다. 최저임금은 한 사회가 노동자들에 대해 임금의 '최저수준'을 보장해 생활을 안정시키기 위한 정책이다. 중요한 것은 '최저수준'의 임금이라는 부분인데, 그것은 당연히 업종과 지역, 규모에 따라 차등될 수 없다.

'편의점 사장의 눈물' 프레임 역시 찬찬히 뜯어보아야 한다. 편의점 개별 점포의 수익 구조가 점점 나빠지는 동안 본사의 매출은 늘고 있다는 보도가 있었다. 그런 점에서 본다면, 무분별한 가맹점 확대, 그로 인한 과다 경쟁 속 '가맹 점주와 본사의 이익 배분 방식'에서 그 원인을 찾아볼 수도 있는 문제였다. 편의점주의 눈물을 닦아 주는 정책은 최저임금을 올리더라도 가능한 것들이 많다. '카드 수수료 인하' 정책이나 '신규 점포 축소'를 유도하거나, '임대료' 문제를 제기할 수도 있는 문제였다. 그런데 언론 보도는 '최저임금 인상'이 모든 원흉인 것처럼 떠들어 댔다. 그렇게 최저임금 인상 얘기만 나오면, '갑'은 빠진 채 을과 을의 싸움으로 만드는 게 현재 한국 사회의 현실이다.

소상공인·자영업자들 역시 이 부분을 잘 알고 있었다. 방기홍 한국중소상인자영업자총연합회 회장은 "2년 만에 가파르게 오른 최저임금이 자영업자에게 고통을 주는 것은 사실"이라면서도 "최저임금이 자영업자를 고통으로 몰아넣은 주된 원인은 아니다"라고 말했다.

"자영업이 어려운 여러 가지 문제가 있습니다. 과도하게 징수되는 카드 수수료 문제는 그중 하나입니다. 자영업 일반 가맹점들은 2,500만 원 수수료 지불하는 반면, 대기업들은 700만 원밖에 부담하지 않고 있습니다. 3배가 넘는 과다한 수수료를 저희들이 부담하고 있는 것이죠. 이런 것들을 내려 달라고 수년째 호소하고 있습니다만 현실화되고 있지 못합니다. 저희들이 요구하는 것은 어려우니까 대기업보다 낮춰 달라는 게 아닙니다. 또, 어려우니까 대기업과 동등하게 해 달라는 것도 아닙니다. 대기업보다 1.5배나 2배 정도로만 낮춰 달라는 것입니다. 이것이 무리한 요구인가요? 허나 실행되지 않았죠. 자영업, 이제는 가맹점들이 많이 있습니다. 편의점, 베이커리, 피자, 치킨. 잘 아시다시피 이 가맹본부의 갑질 횡포는 너무나 가혹합니다. 그런데 개선된 것이 없죠. 또, 편안히 장사하다가 하루아침에 쫓겨난 사람들이 너무나 많습니다. 임대차보호법 개정해서 보호해야하는 것 아닙니까? 이런 게 해소되지 않은 채 최저임금만 오르다 보니 부담이 가중돼 어렵다고 호소하는 것입니다."

_2018. 8. 30. 방기홍 한국중소상인자영업자총연합회 회장, 기자회견 중

우리 사회는 왜 '을과 을'의 싸움을 만들고 있는가. 그것이 옳은가. 이제 인식 전환이 필요했다. '최저임금'은 경제성장 및 물가상승률은 물론 시민들의 문화향유권을 포함해 지속적으로 인상되는 게 맞았다. 그렇지 않은가. 그렇다면 자영업자의 이익 또한 증대하는 방향의 정책을 펴는 게 맞는다. 문제는 하나다. 정부가 이 부분을 이야기하지 않는 것.

"최저임금의 문제가 아니라 중소상공인들이 근본적으로 장사하기 힘든 지금의 환경이 문제라는 생각이 듭니다. 왜 이분들이 자영업자 대책을 촉구하는지, 최저임금 인상에 대한 부담을 내려 달라는 것일까, 곰곰이 생각해 봤습니다. 근본적인 이유가 있습니다. 이렇게 된 것은 중소상인 및 자영업자에게 희망과 비전을 주는 정책 대안을 제시하고 있지 못하고 있기 때문입니다. 지금까지 역대 정부 정책에서 지속가능한 안정적인 자영업자 진흥 정책이 없었습니다. 자영업자들이 어렵다고 호소하면 급한 불 끄기 위한 비용부담을 지원하는 땜질식 처방만 내놓았습니다. 최저임금을 만 원으로 올리겠다는 정부 목표는 있는데, 자영업자 소득을 얼마 이상 보장하겠다는 목표는 없었던 것입니다"

_2018. 8. 30. 추혜선, 기자회견 중

골목은 죽어 가고 있었다

'골목상권'이라는 얘기를 많이들 한다. 복잡할 게 없다. 골목에는 주

자영업자들에게 지원하는 일자리안정자금 예산 삭감을 시도한 자유한국당 규탄 기자회견(2018. 11. 30.)

택만 있는 게 아니다. 주민들의 생활터전이다. 그곳에는 미용실·이발소도 있어야 하고 편의점, 철물점, 사진관, 부동산도 있어야 한다. 그것이 바로 골목상권이다. 그런 것들이 하나의 연결고리로 작동해 해당 골목의 특유한 문화를 만들어 낸다면 금상첨화일 것이다.

그런데 한국 사회는 '골목상권'이 아닌 '대기업' 중심의 경제로 발전해 왔다. 그것은 오히려 지역상권을 죽이는 결과를 낳았다. 지역으로 여행을 가더라도 더 이상 그곳에서 숙박할 필요가 없어졌다. 사는 지역에 돌아와 저녁을 먹을 수 있게 됐다. 그렇다고 해서 '발전을 해선 안 된다'는 게 아니다. 도로를 뚫고 더 빠른 교통수단을 가져오는 데에만 집중할 게 아니라, 그것으로 인해 피해를 볼 수 있는 지역상권에도 관심을 기울였어야 한다는 말이다. 골목상권의 문제는 한국 사회의 지역상권 문제와 그 맥락을 같이한다.

그런 반론이 나오기도 한다. '익선동', '해방촌' 등 동네 골목길이 뜨고 있다고 말이다. 하지만 그것은 '관광지'로서의 상권이지 '생활권'으로서의 골목상권으로 볼 수 없다. 오히려 그로 인해 젠트리피케이션이 나타나면서 원래 살던 지역 주민들이 생활터전을 떠나게 되는 부작용을 낳고 있지 않은가. 골목상권은 멀리서 찾을 게 아니다. 내가 살고 있는 그 골목, 그곳이 살아야 하는 문제다.

그런 고민 끝에 나온 게 '지역사랑 상품권'의 활성화였다. 지역경제의 선순환 구조를 만드는 게 핵심이기 때문이다. 그것이 곧 소상공인·자영업자들의 이익 증대와도 연결될 수 있었다. '이거, 가능하겠는데?'

'지역사랑 상품권'은 이미 발행되고 있었다. 경기도 성남시 그리고 강원도 양구군 등 일부 지방자치단체에서 지역상권을 기반으로, 상품권을 발행, 유통하고 있다. 그리고 그 효과를 보기도 했다. 지역 내 상권이 활성화되면서 영세·중소상공인들의 소득이 증가했다는 것이다. 양구와 화천의 경우, '고향사랑상품권'을 통해 소상공인 1인당 소득이 2.13% 증가한 사실이 지표로 드러났다. 이는 투입 예산 대비 15.9배의 부가가치 창출을 이뤄 낸 것이다. 성남시가 지역 상품권의 활용을 전통시장으로 한정짓지 않고 문구점이나 카페, 영화관 등으로 확장한 것 역시 그 효과를 봤기 때문이다.

많은 지역에서 지역사랑 상품권을 사용하면 좋겠다는 생각이 들겠지만, 쉬운 일이 아니었다. 지역사랑 상품권을 사용하는 지역에서는 어려움을 토로하고 있다. 또 효과가 나타나고 있음에도 불구하고 다른 지역으로 확산될 것이라고 기대하기도 어려운 실정이다. 그들의 이야기부터 들어 봐야겠다.

연희·심곡·검암상인협동조합(연심회)의 장영환 이사장은 "2016년부터 새마을금고의 협조를 얻어 지역 상품권을 직접 운영하고 있다"며 "작게나마 효과를 보고 있다"고 설명했다. 문제는 이 같은 '지역사랑 상품권'이 법적 근거가 없다는 점이었다.

"지역 구청에서는 지원해 주고자 합니다. 그런데 법 근거가 없어서 어려움을 호소하고 있는 중이에요. 지역사랑 상품권을 제도화할 수 있게 도와주신다면 지역 사정에 따라 골목상권을 보호하는 데 도움이 될 것이라고 생각합니다. 현재의 정부 지원은 '전통시장'에 집중돼 있습니다. 정부는 전통시장을 살리기 위해 온누리상품권을 국가 운영하고 있는데, 효과가 없다면 이렇게 오랫동안 제도를 시행하지 않았을 것입니다. 지역사랑 상

"자영업자들에게 실질적인 도움이 되는 지역사랑 상품권이 필요합니다." 지역사랑 상품권 법안 발의를 위한 토론회(2018. 3. 14.)

품권 또한 골목상권 홍보에도 엄청난 효과가 있을 것이라고 생각합니다."

_ 2018. 8. 30. 연희·심곡·검암상인협동조합(연심회) 이사장, 기자회견 중

"자영업자들이 어렵게 된 원인은 대기업의 무분별한 골목상권 진출로
인해 유통시장, 자영업 시장, 내수사장이 독과점화돼 있기 때문입니다.
이를 개선하지 않고는 자영업자들의 생계 보장 또한 어려울 것입니다. 추
혜선 의원이 발의한 지역사랑 상품권 활성화 방안은 정부가 재정적 부담
크게 지지 않고도 얼마든지 할 수 있는 대책입니다."

_2018. 8. 30. 방기홍 한국중소상인자영업자총연합회 회장, 기자회견 중

지역사랑 상품권의 '법' 근거가 없다고?

지역사랑 상품권의 법률 근거가 없어서 활성화하는 데 어려움을
겪는다는 게 가장 큰 문제로 지목됐다. 그렇다면 법률을 만들어야 했
다. 「지역사랑 상품권 이용 활성화에 관한 법률안」을 발의하게 된 까
닭이다.

"정의당 중소상공인·자영업자위원회 위원장을 맡고 나서 늘 걷던 골목
이 달리 보입니다. 우리 삶을 채워 주는 다양한 물건과 서비스가 제공되
는 곳이고 그것을 매개로 사람이 만나는 공간이기도 합니다. 중소상인들
이 지역사회에 기여하는 것은 비단 경제적인 측면에 그치지 않고 공동체
가 유지될 수 있는 버팀목이 되어 주기도 합니다. 하지만 이들에 대한 우

리 사회의 인식은 사뭇 이중적입니다. 대규모 점포를 규제해 보호해야 할 대상이면서도 높은 실업률에 따라 자영업자가 지나치게 많아졌다며 취약한 경제구조의 단면으로 해석하기도 합니다. 정부는 실업 해소 방안 중 하나로 창업 지원을 하지만 소상공인의 5년 생존율은 27.5%에 그칩니다. 이제 소극적인 의미의 '지원'과 '보호'를 뛰어넘어 적극적인 '활성화'가 필요합니다. 지역화폐가 그 방안 중 하나가 될 수 있을 것입니다."

_2018. 3. 14. 추혜선, 지역사랑 상품권 법안 발의를 위한 토론회에서

「지역사랑 상품권 이용 활성화에 관한 법률안」의 경우, 지방자치단체의 장이 지역사랑 상품권을 발행할 수 있도록 했다. 그러면 지방자치단체장은 등록한 금융기관 혹은 단체에 상품권의 보관·판매·충전·환전 업무를 대행할 수 있도록 규정했다. 지역사랑 상품권 사용 제한 업종 또한 지자체 조례를 통해 정하도록 했다. 또한 판매·용역 제공 없이 상품권을 환전(=카드깡)할 수 없도록 제한했다.

무엇보다 중요하게 보았던 것은 '지역사랑 상품권'의 형태였다. 최근에는 지류 형태보다는 카드형 또는 모바일형 지역 상품권 발행이 늘어나고 있었다. 그런데 이런 전자지급 수단의 영수증은 법인세법과 부가가치세법상의 거래 증빙서류로 인정되지 않는 게 아닌가. 결과적으로 이것은 골목 자영업자들이 지역사랑 상품권 가맹점으로 등록을 꺼리는 원인이 되고 있었다. 특히, 가맹점으로 등록하더라도 별도의 세금계산서를 발행해야 하는 번거로움을 감수해야 하는 상황이었다.

실제로 현행 법인세법에서는 전자지급수단 영수증을 모두 증빙서류로 인정하지 않고, 부가가치세법에서는 전자지급수단 중 전자화폐

의 영수증만을 인정하고 있다. 소득세법에서 전자금융거래법상의 전자지급수단의 영수증을 모두 거래 증빙서류로 인정하는 것과 달랐다. 이 부분을 개선하지 않으면 지역사랑 상품권 역시 활성화되기 어려운 상황이었다. 전자금융거래법상의 지급수단 영수증도 경비 처리와 세액공제 대상 서류로 인정될 수 있도록 시행령 개정이 필요했다.

"최근에는 카드형·모바일 상품권이 발행이 되고 있습니다. 주로 이렇게 지류 상품권이 소멸되고 대부분 편리하게 사용할 수 있도록 이런 전자화폐로 발행이 되는데, 상품권 활성화를 막는 제도가 있어요. 그래서 그걸 좀 풀어 주셔야 됩니다. 골목의 작은 가게를 찾는 소비자들이 카드 형태의 상품권을 쓰면 자영업자분들이 그 상품권을 통해서 가게 운영비로 지출을 하게 됩니다. 그런데 본인의 카드를 쓴다거나 현금카드를 쓰면 법인세법과 부가가치세법상 처리경비나 세액공제를 처리할 수가 있어요, 그 영수증만 발행이 되면. 그런데 전자화폐로 발행되는 지역사랑 상품권을 사용하게 되면, 그 영수증은 바로 사용할 수가 없고 별도로 세금계산서를 끊어야 됩니다. 그래서 이 과정이 복잡하기 때문에 지역사랑 상품권 가맹점을 꺼리는 거예요. 그런 어려움이 있고요."

_2018. 10. 11. 추혜선, 국정감사 중

"예, 알겠습니다. 그 부분은 모바일상품권 활성화를 통해서 지역 재래·전통시장이나 이런 데 지원도 되고 또 핀테크 산업도 활성화하는 데 일부 도움이 될 테니까 기재부하고 적극적으로 협의를 해 보겠습니다."

_2018. 10. 11. 최종구 당시 금융위원장, 국정감사 중

다행히 정부에서도 이 같은 문제에 대해 "협의해 보겠다"고 답변했다. 그리고 지난해 12월에 정부가 발표한 '자영업 성장·혁신 종합대책'에도 이 내용이 포함됐다. '종합대책'에는 「지역사랑 상품권 활성화를 위한 법률안」 국회 본회의 통과가 주요 과제로 포함됐다. 야당 의원이 제안한 정책과 그 근거법 마련을 정부·여당이 주요 과제로 꼽아 추진하는 것은 이례적인 일이다. 그런데 걱정이다. 20대 국회는 마비 상태로 끝나 가고 있으니 말이다.

오늘도 '삶'이 있는 골목을 꿈꾼다

정의당은 민주노동당 시절부터 골목상권을 위한 정책에 많은 관심을 기울였다. 특히, 노회찬 대표는 소상공인·자영업자들을 살리기 위해 카드 수수료 인하나 상가임대차보호법 문제에 앞장섰다. 한국 사회에 자영업자들의 위치는 존재하지 않았다. 사회 구조적으로 자영업자 비율이 높다고 이야기할 뿐, 막상 그분들은 사회 안전망도 없이 퇴출되면 갈 곳이 없어지는 것이다. 그런 부분은 국가가 책임을 져야 하는데, 시혜의 대상으로만 보는 순간 별다른 대책을 내놓을 수가 없다.

자영업자들이 정부에 느끼는 배신감도 거기에 있었다. 이제는 정부가 뭘 해 준다고 해도 믿질 않는다. 선거 때마다 표를 위해 백지수표를 주고 그것이 매번 부도수표로 돌아오는 게 반복돼 왔다. 패러다임 전환이 필요하다. 정의당은 여기에 주목했다. 내가 정의당 중소상공인·자영업자위원회 위원장을 맡으면서 '골목경제 활성화를 통한

"소상공인 5년 생존율 27.5%, 우리나라 자영업자들의 어려움을 한 번에 확인해 주는 수치입니다." 지역사랑 상품권 법안 발의를 위한 토론회(2018. 3. 14.)

부양책'으로 접근했던 까닭이다. 아주 초보적이지만 그래도 경기가 살아났다고 계량화된 성과가 나타난 '지역사랑 상품권'에 주목한 이유도 마찬가지다.

사실 노회찬 대표가 하던 일을 받아서 중소상공인·자영업자위원회 위원장을 맡게 되었다. 그때 들었던 생각은 하나다.

의원실을 찾아오는 수많은 소상공인·자영업자분들의 눈물을 조금이라도 닦아 주겠다고. 내 힘으로 일궈 낸 손때 묻은 삶의 터전을 지켜 내고 정의로운 골목이 될 수 있도록 그 동네를 지켜 주겠다고 말이다.

골목상권이 살아야 지역이 산다. 그래서 오늘도 나는 꿈을 꾼다. 사람들의 삶이 녹아 있는 골목. 유명해진 관광 골목이 아니라 내가 살고 있는 골목이 되살아나길…. 주택과 다양한 가게들이 어우러진 우리 동네. 그곳에서 살아가는 사람들. 그곳에서 사용되는 '지역사랑 상품권'이 유통되는 미래를 말이다.

건강한 연현마을을 위한 부모모임 문소연 대표를 만나다

Q 연현마을 아스콘 공장 문제를 두고 어떻게 추혜선 의원과 함께하게 됐는지 궁금하다.

문소연 연현마을 사태와 관련해 애써 주신 기자님들이 너무나 많습니다. 그중 한 기자님(=이성관)께 연락이 왔어요. 정의당 비례대표 추혜선 의원이 연현마을에 관심 있어 하신다고. 그리고 곧바로 의원실로부터 '뭘 도와줄 수 있는 게 없느냐'는 연락을 받았습니다. 그 후 직접 만나 간담회를 진행하며 만나게 됐습니다.

Q 정의당 추혜선 의원은 뭔가 다르던가?

문소연 지정되지 않은 곳에 현수막을 다는 것은 불법입니다. 그런데 정치인들이 거는 현수막은 떼지 않더라고요. 그런 점들을 공략해 안양 지역구에 있는 정치인들 사무실에 전화를 걸어 '현수막을 달아 달라'고 요청했습니다. 다른 건 몰라도 아이들의 학습권과 건강권은 지켜야 하지 않느냐며. 그때, 제일 먼저 달려와 준 곳이 정의당이었습니다. 현수막을 다는 것 역시 다른 당은 돈을 주고 사람을 쓰기도 하거든요. 그런데 추혜선 의원실에서는 보좌관이 오셔서 '어디에 다는 것이 효과가 좋을지 포인트를 짚어 달라'고 물어보시고, 직접 나무에 올라가 거시더라고요. 너무 감사했습니다. 세 번째로 국회 정론관에서 기자회견을 할 수 있게 도와주셨습니다. 더불어민주당 이종걸 의원님도 함께해 주셨는데, 그 당시 서울에 안 계셨어요. 그때에도 제일 먼저 응답해 준 곳이 바로 정의당이었습니다. 네 번째로 지금도 여전히 관심을 가져 주시고 먼저 연락을 주십니다.

Q 연현마을 아스콘 공장 문제는 오랫동안 회자됐지만 해결되지 못하고 있었다.

문소연 아스콘 공장의 문제를 체감하지 못했던 게 사실입니다. 그런데 시대가 변하고 '미세먼지' 등이 부각되기 시작할 즈음 〈뉴시스〉에 "발암물질 배출 안양 아스콘 공장, 가동 중단 명령"이라는 지역 기사(2017년 12월 6일)가 나왔어요. 그거 보고 엄마들이 '가만히 있으면 안 된다'고 모이게 된 것입니다. 주민들은 '공장 이전'을 이야기했는데, 공장은 나갈 수 없다는 입장이었죠. 이곳이 교통의 요충지이기 때문입니다. 경기도에서는 처음에 중재안으로 '재생아스콘 생산'만 못하게 해 주겠다고 이야기를 했습니다. 재생아스콘이라는 건 폐아스콘을 다시 사용할 수 있게 하는 작업인데, 정부로부터 상도 받았더라고요. 그런데 이 과정에서 냄새(=악취)가 많이 나거든요. 그것만 못하게 해 주겠다는 경기도 제안을 저희로서는 당연히 받아들일 수 없었죠. 이 과정에서 법의 허점도 드러났습니다. 1급 발암물질 벤조A피렌은 배출 허용기준이 없다는 것이 그랬죠. 또, 제일산업개발 공장부지는 그린벨트로 묶여 있는 상황입니다. 그곳에서 불허된 건물 증축이 진행됐던 거죠. 저희들이 그런 부분들을 '불법'으로 문제를 제기했지만, '강제이행금'만 물면 되더라고요. 불법을 통해 버는 돈이 훨씬 더 많은데…. 제일산업개발 측에만 양보하라고 할 수 없어 묘책으로 그린벨트 해제를 통한 이익금으로 이전할 수 있다는 제안을 했지만, 공장 측에서는 이를 받아들이지 않았어요. 그래서 강제수용을 얘기할 수밖에 없었죠. 그 과정에서 정권이 교체됐고, 이재명 도지사가 이틀 만에 동네에 왔고, 공공주택으로 민원을 해결하겠다는 의사를 밝히면서 지금 상황이 된 것입니다.

Q 언론에서는 연현마을 사태는 이제 끝났다고 보는 시각이 있다.

문소연 현재 지구지정 확정이 안 된 상태입니다. 결혼을 위해 상견례까지 진행된 것으로 볼 수 있죠. 사업 타당성 검사 그리고 영향평가도 해야 하고 할 일이 많이 남아 있어요. 결국, 공공개발을 위해 땅을 파야 한시름 놓을 수 있지 않을까 싶습니다. 제일산업개발도 마찬가지예요. 현재는 아스콘 라인만 멈춘 상태입니다. 레미콘은 돌아가고 있고 그로 인한 비산먼지를 여전히 주민들이 마시고 있는 상황입니다. 최근에 학교 앞에서 레미콘 바퀴가 빠지는 등 전복사고가 벌어지기도 했습니다. 불안하죠. 그리고 소송도 아직 많이 남아 있습니다. 업체의 반발로 인해 민사소송, 형사소송 다 걸려 있어요. 남경필 도지사 시절 제일산업개발에 대한 조업 중단과 관련해 재판이 진행 중인데, 1심에서는 경기도가 이겼습니다. 그런데 2심에서 뒤집혔어요. 최근에서야 검사 측에서 항고가 들어간 상황입니다. '악취' 관련 안양시하고도 현재 2심이 진행 중이고요. 저희는 왜 이렇게 매번 바쁠까요?

Q 연현마을 주민들의 건강 문제가 컸다. 공장 혹은 정부를 상대로 제기한 소송은 없나?

문소연 어제(8월 13일) 한 주민의 발인이 있었습니다. 올해 63세로 2002년부터 이곳에서 사신 여성분이에요. 담배 안 피우고 남편분도 비흡연자였어요. 그분, 정말 깔끔했어요. 그런데 집안을 닦아도 금세 더러워지고 쾨쾨한 냄새가 나서 이상하다고 생각하셨다고 하더라고요. 그렇게 오랜 시간 살다 보니 폐암에 걸리셨던 겁니다. 저희는 원인을 아스콘 공장이라고 생각하고 있습니다. 그때는 그분이 홀로 분쟁 소송을 진행하셨어요. 아스콘 공장 때문에 폐암에 걸렸다는 것이었는데, 패소했죠. 객관적인 근거가 없다는 이유였어요. 그렇게 하루하루 버티셨던 것입니다. 그러다 2017년이 되어서야 발암물질이 검출됐다는 사실이 드러났고, 지역 주민들이 촛불문화제를 열고 싸우기 시작한 거죠. 그분이 그걸 보시고는 '정말 살맛 난다'고 하시더라고요. 자신이 처음 이야기할 때는 아무도 안 들어줬는데, 알아주는 사람들이 하나둘 늘어나는 게 너무 좋다고. 그러다 일요일 새벽에 돌아가셨어요. 그분뿐만이 아닙니다. 건강이 급격히 안 좋아지신 분들이 많아요. 그런데 보상으로 다가가면 배가 산으로 갈 우려 때문에 '과거는 덮자'고 했습니다. 아이들만이라도 살기 좋은 동네 만들자고 말입니다. 연현마을 주민들이 그래요. 처음 싸울 때 기저귀 차던 아이가 걸어 다니고 학교에 다니고⋯. 그런 아이들만 생각하기로 말이에요. 보상보다는 개선을….

Q 옆에서 지켜본 추혜선 의원은 어떤 사람인가?

문소연 친근한 마을 언니 같은 느낌입니다. 격의 없다고 해야 하나, 목소리도 나긋하고 느리시죠. 저희들의 말을 조용히 경청해 주셨어요. '이렇게 하면 해결된다'고 달변으로 자기를 변론하는 게 아니라 공감해 주고 소통하고 이해하려고 노력해 주셨습니다. 처음에는 '국회의원 맞나?'라는 생각도 들었어요. 정의당 소속 의원이면 왠지 강할 것 같은데, 그것과도 너무나 달랐습니다. 4급 보좌관에게 연현마을 직접 챙겨 달라고 말씀도 해 주시고, 감사했습니다. 현재도 바쁜 와중에 직접 전화를 주세요. '요즘 어때요?'라고 말입니다. 이런 부분들이 기존의 국회의원과는 다르다는 걸 느꼈습니다. 진심이 느껴지는 분인 것 같아요. 다른 분들한테는 '계산'이 보였는데, 추혜선 의원한테는 진심이 보였어요.

Q 추혜선 의원한테 해 주고 싶은 말이 있다면?

문소연 너무 많은 걸 혼자 해결하려고 하지 않았으면 좋겠습니다. TV에 나오는 국회방송에서 추혜선 의원이 정론관에 서 있는 모습을 많이 봅니다. 어려움을 겪고 있는 분들에게 힘이 돼 주시는 건 좋은데, 본인의 힘도 비축하면서 나눠서 일을 했으면 좋겠어요.

인터뷰 정리_ **권순택**(언론개혁시민연대 활동가)

'乙'편단심 추혜선

초판 1쇄 인쇄 2019년 10월 26일
초판 1쇄 발행 2019년 10월 31일

지은이 추혜선
펴낸이 김승희

기획 정광일
편집 조현주
북디자인 김정숙

인쇄제본 ㈜신화프린팅코아퍼레이션
종이 월드페이퍼㈜

주소 서울시 양천구 목동동로 293, 22층 2215-1호
전화 02) 3141-6553
팩스 02) 3141-6555
출판등록 2008년 3월 18일 제313-1990-12호
이메일 gwang80@hanmail.net
블로그 http://blog.naver.com/dkffk1020

ISBN 979-11-5930-117-9 03300

이 도서의 국립중앙도서관 출판예정도서목록(CIP)은
서지정보유통지원시스템 홈페이지(http://seoji.nl.go.kr)와
국가자료종합목록시스템(http://www.nl.go.kr/kolisnet)에서 이용하실 수 있습니다.
(CIP제어번호 : CIP2019041945)

참된 삶과 교육에 관한
생각 줍기